"十四五"时期国家重点出版物出版专项规划项目

★ 转型时代的中国财经战略论丛 ◢

农业转移人口市民化进程中的公共服务供给与地方财政激励

The Public Service Supply and
Local Financial Incentives in the Citizenization Process
of Agricultural Transfer Population

刘 蕾 著

中国财经出版传媒集团
经济科学出版社
·北京·

图书在版编目（CIP）数据

农业转移人口市民化进程中的公共服务供给与地方财政激励 / 刘蕾著. -- 北京：经济科学出版社，2025.6. --（转型时代的中国财经战略论丛）. -- ISBN 978 - 7 - 5218 - 7092 - 3

Ⅰ．F812.455

中国国家版本馆 CIP 数据核字第 20258WA745 号

责任编辑：纪小小
责任校对：李　建
责任印制：范　艳

农业转移人口市民化进程中的公共服务供给与地方财政激励
刘　蕾　著
经济科学出版社出版、发行　新华书店经销
社址：北京市海淀区阜成路甲 28 号　邮编：100142
总编部电话：010 - 88191217　发行部电话：010 - 88191522
网址：www.esp.com.cn
电子邮箱：esp@esp.com.cn
天猫网店：经济科学出版社旗舰店
网址：http://jjkxcbs.tmall.com
北京季蜂印刷有限公司印装
710×1000　16 开　8.75 印张　160000 字
2025 年 6 月第 1 版　2025 年 6 月第 1 次印刷
ISBN 978 - 7 - 5218 - 7092 - 3　定价：40.00 元
(图书出现印装问题，本社负责调换。电话：010 - 88191545)
(版权所有　侵权必究　打击盗版　举报热线：010 - 88191661
QQ：2242791300　营销中心电话：010 - 88191537
电子邮箱：dbts@esp.com.cn)

总　序

转型时代的中国财经战略论丛

"转型时代的中国财经战略论丛"（以下简称《论丛》）是在国家"十四五"规划和2035年远景目标纲要的指导下，由山东财经大学与经济科学出版社共同策划的重要学术专著系列丛书。当前我国正处于从全面建成小康社会向基本实现社会主义现代化迈进的关键时期，面对复杂多变的国际环境和国内发展新格局，高校作为知识创新的前沿阵地，肩负着引领社会发展的重要使命。为响应国家战略需求，推动学术创新和实践结合，山东财经大学紧密围绕国家战略，主动承担时代赋予的重任，携手经济科学出版社共同推出"转型时代的中国财经战略论丛"系列优质精品学术著作。本系列论丛深度聚焦党的二十大精神和国家"十四五"规划中提出的重大财经问题，以推动高质量发展为核心，深度聚焦新质生产力、数字经济、区域协调发展、绿色低碳转型、科技创新等关键主题。本系列论丛选题涵盖经济学和管理学范畴，同时涉及法学、艺术学、文学、教育学和理学等领域，有力地推动了我校经济学、管理学和其他学科门类的发展，促进了我校科学研究事业的进一步繁荣发展。

山东财经大学是财政部、教育部和山东省人民政府共同建设的高校，2011年由原山东经济学院和原山东财政学院合并筹建，2012年正式揭牌成立。近年来，学校紧紧围绕建设全国一流财经特色名校的战略目标，以稳规模、优结构、提质量、强特色为主线，不断深化改革创新，整体学科实力跻身全国财经高校前列，经管类学科竞争力居省属高校首位。随着新一轮科技革命和产业变革的推进，学科交叉融合成为推动学术创新的重要趋势。山东财经大学秉持"破唯立标"的理念，积极推动学科交叉融合，构建"雁阵式学科发展体系"，实现了优势学科的联动发展。建立起以经济学、管理学为主体，文学、理学、法学、工学、教育学、艺术学等多学科协调发展的学科体系，形成了鲜明的办学特色，为国家经济建设和社会发展培养了大批高素质人才，在国内外享有较高声誉和知名度。

山东财经大学现设有24个教学院（部），全日制在校本科生、研究生30000余人。拥有58个本科专业，其中，国家级一流本科专业建设点29个，省级一流本科专业建设点20个，国家级一流本科专业建设点占本科专业总数比例位居省属高校首位。拥有应用经济学、管理科学与工程、统计学3个博士后科研流动站，应用经济学、工商管理、管理科学与工程、统计学4个一级学科博士学位授权点，11个一级学科硕士学位授权点，20种硕士专业学位类别。应用经济学、工商管理学、管理科学与工程3个学科入选山东省高水平学科建设名单，其中，应用经济学为"高峰学科"建设学科。在2024软科中国大学专业排名中，A以上专业23个，位居山东省属高校首位；A+专业数3个，位居山东省属高校第2位；上榜专业总数53个，连续三年所有专业全部上榜。工程学、计算机科学和社会科学进入ESI全球排名前1%，"经济学拔尖学生培养基地"入选山东省普通高等学校基础学科拔尖学生培养基地。

山东财经大学以"努力建设特色鲜明、国际知名的高水平财经大学"为发展目标，坚定高质量内涵式发展方向，超常规引进培养高层次人才。通过加快学科交叉平台建设，扎实推进学术创新，实施科学研究登峰工程，不断优化科研管理体制，推动有组织的科研走深走实见行见效，助力学校高质量发展。近五年，学校承担国家级科研课题180余项，整体呈现出立项层次不断提升、立项学科分布逐年拓宽的特征，形成以经管学科为龙头、多学科共同发展的良好态势。其中，国家重点研发计划1项，国家社会科学基金重大项目5项、重点项目9项、年度项目173项。学校累计获批省部级科研奖励110余项，其中，教育部人文社科奖一等奖1项，成功入选《国家哲学社会科学成果文库》，实现学校人文社科领域研究成果的重大突破。学校通过不断完善制度和健全机制激励老师们产出高水平标志性成果，并鼓励老师们"把论文写在祖国的大地上"。近五年，学校教师发表3500余篇高水平学术论文，其中，被SCI、SSCI收录1073篇，被CSSCI收录1092篇，在《中国社会科学》《经济研究》《管理世界》等中文权威期刊发表 18 篇。科研成果的竞相涌现，不断推进学校哲学社会科学知识创新、理论创新和方法创新。学校紧紧把握时代脉搏，聚焦新质生产力、高质量发展、乡村振兴、海洋经济和绿色低碳已搭建省部级以上科研平台机构 54 个，共建中央部委智库平台 1 个、省级智库平台 6 个、省社科理论重点研究基地 3 个、省高等学校实验室 10 个，为教师从事科学研究搭建了更广阔的平台，营造了更优越的学术生态。

"十四五"时期是我国从全面建成小康社会向基本实现社会主义现代化迈进的关键阶段，也是山东财经大学迎来飞跃发展的重要时期。2022 年，党的二十大的胜利召开为学校的高质量发展指明了新的方向，建校 70 周年暨合并建校 10 周年的校庆更为学校的内涵式发展注入了新的动力；2024 年，学校第二次党代会确定的"一一三九发展思路"明确了学校高质量发展的路径。在此背景下，作为"十四五"时期国家重点出版物出版专项规划项目，"转型时代的中国财经战略论丛"将继续坚持以马克思列宁主义、毛泽东思想、邓小平理论、"三个代表"重要思想、科学发展观和习近平新时代中国特色社会主义思想为指导，紧密结合《中共中央关于制定国民经济和社会发展第十四个五年规划和二〇三五年远景目标的建议》和党的二十届三中全会精神，聚焦国家"十四五"期间的重大财经战略问题，积极开展基础研究和应用研究，进一步凸显鲜明的时代特征、问题导向和创新意识，致力于推出一系列的学术前沿、高水准创新性成果，更好地服务于学校一流学科和高水平大学的建设。

我们期望通过对本系列论丛的出版资助，激励我校广大教师潜心治学、扎实研究，在基础研究上紧密跟踪国内外学术发展的前沿动态，推动中国特色哲学社会科学学科体系、学术体系和话语体系的建设与创新；在应用研究上立足党和国家事业发展需要，聚焦经济社会发展中的全局性、战略性和前瞻性重大理论与实践问题，力求提出具有现实性、针对性和较强参考价值的思路与对策。

前　言

转型时代的中国财经战略论丛

　　加快推进农业转移人口市民化，使农业转移人口与城镇居民一样，享有均等的城镇公共服务，是推进以人为核心的新型城镇化、推动农业现代化、促进社会公平正义的重要举措，是我国城镇化健康持续发展的迫切需要，也是我国经济社会持续健康发展的迫切需要。尽管近年来在一系列政策的推动下农业转移人口市民化进程明显加快，但是农业转移人口享有城镇公共服务的水平依然存在一定的提升空间。究其原因，一方面是农业转移人口市民化带来地方政府公共服务供给压力的持续增加；另一方面是农业转移人口对流入地的税收贡献偏低，弱化地方政府增加城镇公共服务供给以吸引农业转移人口长期居留的动力。正因如此，我国政府先后建立与农业转移人口挂钩的均衡性转移支付制度、县级基本财力保障奖励机制等，加大对农业转移人口市民化财政支持力度，激励各级地方政府推动农业转移人口市民化进程。在上述背景下，量化农业转移人口市民化进程中的地方政府财政激励效果，细化地方政府在农业转移人口市民化进程中的公共服务供给成本测算，构建合理有效的地方政府财政激励机制，促使各级地方政府加快推进农业转移人口市民化进程，具有十分重要的现实意义。

　　基于此，本书选取农业转移人口市民化的地方政府财政激励机制为研究对象，以前人研究成果为基础，展开农业转移人口市民化进程中地方政府财政激励的系统研究。理论上，基于若干理论假定，深入探究地方政府推进农业转移人口市民化的财政收益与财政成本，进而探究市民化进程中地方政府财政激励的目标、着力点与手段。实践中，结合调研数据与统计数据，完成市民化进程中农业转移人口公共服务需求排序与需求识别，量化农业转移人口市民化进程与公共服务供给的互动效应，并完成近年来我国农业转移人口市民化地方政府财政激励效果测评。基于理论与实证分析，提出市民化进程中地方政府财政激励机制的若干政策建议。本书共包括六章内容：

第1章，导论。提出问题，包括选题背景与意义、研究现状、研究方法与思路等。

第2章，促进农业转移人口市民化地方政府财政激励的理论分析。首先，设立本书研究的理论假定，包括地方政府是促进农业转移人口市民化的责任主体、地方政府追求辖区最适人口规模等。其次，探讨市民化进程中地方政府财政激励的内在逻辑。市民化进程中的地方政府财政激励是通过种种手段，改变市民化进程中地方政府公共服务供给成本与财政收益，继而提升地方政府推进公共服务均等化的财政承受能力，以及为农业转移人口提供均等公共服务的积极性，以推动农业转移人口市民化进程。市民化进程中地方政府财政激励的着力点是地方政府的"财政收益—财政成本"组合。最后，市民化进程中地方政府财政激励的目标与手段。市民化进程中地方政府财政激励的目标是，吸纳最后一个农业转移人口的地方政府财政收益等于公共服务供给的边际成本。考虑短期与长期视角下地方政府财政收益与财政成本的差异性，短期激励和长期激励视角下地方政府财政激励手段略有不同。

第3章，农业转移人口市民化进程中地方政府财政激励的现状分析。首先，归纳促进农业转移人口市民化的地方政府财政激励政策，包括地方政府财政收入激励政策，以及公共服务供给保障制度；其次，选取不同规模典型城市，基于问卷调查和统计数据，量化农业转移人口市民化进程，构建计量模型考察地方政府公共服务供给行为对农业转移人口市民化的影响，进而完成农业转移人口公共服务需求识别。主要结论有二：一是外出务工地理特征与务工地公共服务参与程度更为明显地与农业转移人口市民化意愿产生正相关关系，因此推进城镇公共服务对农业转移人口的覆盖与保障，是推动农业转移人口市民化的关键所在。二是农业转移人口的城镇主要公共服务满意度总体偏低，基于KANO模型的需求识别结果多为魅力型需求和期望型需求，并没有必备型需求，这可能受农业转移人口返乡意愿的影响。其中，社会保障类需求依然是农业转移人口对城镇公共服务的首要需求，与短期收入提升密切相关的公共服务，如失业保险和职业培训等需求强烈。

第4章，农业转移人口市民化与城镇公共服务供给的交互效应分析。基于第3章的研究结论，可能存在城镇公共服务供给与农业转移人口市民化的交互效应，即尽管城镇公共服务在推进农业转移人口市民化中发挥着重要作用，但农业转移人口享有城镇公共服务水平普遍不高，这在一定程度上催生其返乡意愿，而后者又在很大程度上限制着其对城镇主要公共服务的需求，影响其市民化意愿。为此，选取城镇住房保障为研究对象，验证城镇住房保障供给与农业转移人口市民化的交互效应。结果显示：存在城镇住房保障供给与农业转移人口市民化的交互效应。一方面，我国农业转移人口市民化进程确实会对地方政府的住房保障供给力度产生较大压力，地方政府在推进住房保障的过程中缺乏一定的主动性；另一方面，农业转移人口住房保障满意度的提升，有利于提升农业转移人口对城市的心理融入度和推进农业转移人口市民化进程。

第5章，农业转移人口市民化进程中的地方政府财政激励效果测评。考虑到农业转移人口市民化进程中，地方政府公共服务供给成本可能呈现非线性增长态势，以及常见的以分类计算后加总方法计算公共服务供给成本可能无法涵盖所有公共服务供给成本。借鉴BD—BG模型，以地方政府人均公共支出为核心被解释变量，以我国249个地市级城市统计数据，测算促进农业转移人口市民化的地方政府公共服务供给成本，同时侧重考察2016年以来相关激励政策效果。结果显示：一方面，农业转移人口市民化带来地方公共服务供给压力，且上述压力呈现非线性增长态势，伴随市民化带来的人口规模增加，地方政府公共服务供给成本呈上扬趋势；另一方面，2016年以来相关激励政策在一定程度上调动地方政府推进农业转移人口市民化的积极性，但也存在一定的漏出效应，居民获取公共服务水平与户籍人口变动的关系更为敏感。

第6章，农业转移人口市民化进程中的地方政府财政激励机制构建。围绕市民化进程中地方政府财政激励政策现状及激励效果，推进城镇公共服务向农业转移人口的覆盖与保障，是推动农业转移人口市民化的关键所在。因此，短期视角下市民化进程中地方政府财政激励应着眼于城镇基本公共服务供给制度的建立健全，包括合理明确城镇公共服务供给的政府间成本分担、稳定有序地实现城镇公共服务向农业转移人口的全覆盖、健全城镇公共服务多元化供给制度等。长期视角下地方政府财政激励则应着眼于健全地方税收制度、推进城乡基本公共服务均等化、完善城乡户籍制度与土地制度等。

目 录

转型时代的中国财经战略论丛

第1章 导论 ·· 1
    1.1 研究背景与意义 ······································ 1
    1.2 基本概念界定 ·· 6
    1.3 研究文献综述 ·· 10
    1.4 研究思路与内容 ······································ 23
    1.5 创新与不足 ·· 25

第2章 促进农业转移人口市民化地方政府财政激励的理论分析 ······ 27
    2.1 市民化进程中地方政府财政激励的理论假定 ············· 27
    2.2 市民化进程中地方政府财政激励的内在逻辑 ············· 32
    2.3 市民化进程中地方政府财政激励的目标与手段 ··········· 39
    2.4 本章小结 ·· 47

第3章 农业转移人口市民化进程中地方政府财政激励的现状分析 ···· 49
    3.1 市民化进程中地方政府财政激励的政策梳理 ············· 49
    3.2 财政激励政策下的农业转移人口市民化现状分析 ········· 57
    3.3 本章小结 ·· 72

第4章 农业转移人口市民化与城镇公共服务供给的交互效应分析 ···· 74
    4.1 市民化与地方政府住房保障供给能力的文献梳理 ········· 74
    4.2 市民化影响地方政府住房保障供给能力的实证检验 ······· 76
    4.3 地方政府住房保障供给影响市民化进程的实证检验 ······· 80

4.4 本章小结 ……………………………………………………… 86

第5章 农业转移人口市民化进程中的地方政府财政激励效果测评 ………… 87

5.1 模型构建与指标选取 …………………………………… 87

5.2 回归结果与主要结论 …………………………………… 96

5.3 本章小结 ……………………………………………………… 99

第6章 农业转移人口市民化进程中的地方政府财政激励机制构建 ………… 101

6.1 健全城镇基本公共服务的政府间成本分担机制 ………… 101

6.2 稳步有序推进城镇公共服务均等化供给 ………………… 105

6.3 健全城镇公共服务多元化供给制度 ……………………… 108

6.4 长期视角下的地方政府财政激励机制构建 ……………… 110

参考文献 ……………………………………………………………… 114

第1章 导　　论

1.1　研究背景与意义

1.1.1　研究背景

改革开放以来，伴随我国工业化和城镇化进程的不断推进，城镇劳动力需求不断增长，农业转移人口总量大幅增加。根据国家统计局公布的数据，2024年我国农业转移人口总量近3亿，比2020年增加1412万人，规模增速明显。[①] 根据第七次人口普查数据，2020年全国人户分离人口约4.9亿，而农业转移人口在其中大约占60%。[②] 规模庞大的农业转移人口，解决了城镇劳动力结构性短缺问题，为城镇社会经济发展特别是服务业的发展提供了丰富的劳动力资源，极大地推动着城镇产业结构的优化升级，为我国城镇化进程的快速推进作出了不可磨灭的贡献。一些实证研究表明，农业转移人口对流入地地区国民生产总值的贡献率维持在25%~30%。[③] 农业转移人口已经成为我国城镇劳动力人口不可或缺的重要组成部分，成为我国城镇化、工业化的坚强后盾和有力支撑。然而，受种种因素制约，农业转移人口享有的城镇公共服务依然十分有限。以义务教育为例，农业转移人口随迁子女往往面临公办学校学位不足、教育资源紧张、教育政策限制多等问题，外出务工人口随迁子

[①] 数据源自国家统计局《2024年农民工监测调查报告》。
[②] 数据源自第七次全国人口普查公报。
[③] 源自马晓微等（2004）、杨亮等（2014）以北京、上海为样本的测算结果。

女"上学难"问题依然存在。除此之外，农业转移人口就业期间的医疗保险参保率低、对城镇社会医疗服务机构利用率偏低等在很多城镇普遍存在。这意味着，规模庞大的农业转移人口虽然完成了地域转移、职业转换，但仍然无法像城镇户籍人口一样享有城镇公共服务，难以全面融入城镇生活，成为真正意义上的城镇居民。

我国的城镇化是有中国特色的新型城镇化，其核心是人的城镇化，然而上述现象的存在，在一定程度上降低了我国城镇化的水平与质量。加快推进农业转移人口市民化，使农业转移人口与城镇居民一样，享有均等的城镇公共服务，是推进以人为核心的新型城镇化、推动农业现代化、促进社会公平正义的重要举措，是我国新型城镇化健康持续发展的迫切需要，也是实现共同富裕、推动我国经济社会持续健康发展的迫切需要。推动农业转移人口市民化，就要使农业转移人口与城镇居民一样，享有均等的城镇公共服务。现实中，现行社会保障、教育等公共服务供给在以户籍制度划定供给范围的基础上，虽然针对农业转移人口实施放开落户限制、积分落户等相对灵活的措施，但仍有一部分拥有农村户籍的农业转移人口被排斥在受益范围之外。这种做法在短期内具有压缩地方财政公共服务供给成本、保护本地居民在劳动力市场中的竞争地位等作用，但长期来看，必然会限制劳动力市场的健康发展，影响地区经济增长速度以及地方政府财政收入增长速度。

为此，我国政府将推动农业转移人口市民化作为推进城镇化的首要任务。2014年《国家新型城镇化规划（2014—2020年）》明确提出深化户籍改革、保障随迁子女平等享有受教育权利以及扩大社会保障覆盖面等一系列具体措施，逐步放松户籍管制，推动城镇基本公共服务向常住人口全覆盖。近年来，各地积极探索保障随迁子女受教育权利、完善医疗公共服务、扩大社会保障覆盖面，推动常住地提供基本公共服务制度，满足农业转移人口的需求。党的二十届三中全会更是明确提出"推行由常住地登记户口提供基本公共服务制度，推动符合条件的农业转移人口社会保险、住房保障、随迁子女义务教育等享有同迁入地户籍人口同等权利，加快农业转移人口市民化"。

然而，与放松户籍管制、推进城镇基本公共服务全覆盖相伴随的是，地方政府财政压力的持续增加。过去几年，受到新冠疫情冲击以及国际政治经济形势的影响，我国经济虽然总体上呈现出稳中向好态势，但也面临着经济增速放缓、财政收支压力增大等问题，其中尤以地方政府财政压力为甚，而地方政府在多数基本公共服务供给中承担着无可替代的主体责任，地方政府要为农业转移人口承担基本公共服务供给成本，包括随迁子女教育成本、养老医疗等社会保障成本、安居住房成本以及其他基础设施成本等。大量研究测算农业转移人口市民化的成本，由于样本城市选取差异，测算结果存在较大差距，丁萌萌、徐滇庆以全国为研究对象的测算结果是人均0.4万元[1]，而葛乃旭、符宁以特大城市为对象的测算结果则达到人均63.88万元[2]。尽管如此，绝大多数学者认同农业转移人口市民化投入成本巨大，对地方政府财政运行产生较大压力。

另外，尽管农业转移人口为城镇经济发展提供丰富的劳动力资源，在很大程度上带动着当地社会经济的快速发展，但受制于收入水平，农业转移人口的消费方式或消费习惯依然有别于城镇居民。由于无法完全享有流入地公共服务，他们为应对未来可能出现的养老、医疗等社会风险，往往需要缩减消费，一些研究表明，他们在流入地的平均消费水平和边际消费倾向往往低于城镇居民[3]。同时出于返乡养老、子女教育等考虑，农业转移人口也会选择减少消费、增加储蓄。这都决定了在以间接税为主的分税财政体制下，农业转移人口居住、消费与地方税收收入的关联度较弱，农业转移人口对流入地的税收贡献往往偏低，这在无形中弱化了地方政府增加城镇公共服务供给以吸引农业转移人口长期居留的动力。

近年来，我国政府先后颁布了一系列政策措施，激励各级地方政府推动农业转移人口市民化进程。2014年《国家新型城镇化规划（2014—2020年）》提出建立健全农业转移人口市民化推进机制的具体措施，包括建立成本分担机制、合理确定各级政府责任等。2016年8月国务院印发的《关于实施支持农业转移人口市民化若干财政政策的通知》、2016年9月国务院发布的《推动1亿非户籍人口在城市落户方案》和2016年11月财政部印发的《中央财政农业转移人口市民化奖励资金管理办法》等文件，均明确提出均衡性转移支付制度、县级基本财

---

[1] 丁萌萌、徐滇庆：《城镇化进程中农民工市民化的成本测算》，载于《经济学动态》2014年第2期，第36~43页。

[2] 葛乃旭、符宁：《特大城市农民工市民化成本测算与政策建议》，载于《经济纵横》2017年第3期，第65~68页。

[3] 陈斌开、陆铭、钟宁桦：《户籍制约下的居民消费》，载于《经济研究》2010年第1期，第62~71页。

力保障奖励机制等与农业转移人口挂钩,加大对农业转移人口市民化财政支持力度等政策措施。党的二十大报告提出,推进以人为核心的新型城镇化,加快农业转移人口市民化。"十四五"规划明确提出,要坚持存量优先、带动增量,着力提高农业转移人口市民化质量。2024年中央一号文件明确提出,实施新一轮农业转移人口市民化行动。党的二十届三中全会更是进一步明确下一步加快农业转移人口市民化的政策方向。一系列政策的颁布实施极大增强各级地方政府推进农业转移人口市民化的动力,农业转移人口市民化进程明显加快。根据统计数据,我国户籍人口城镇化率从2014年的37.10%增长到2023年的47.7%,增速明显。[1]

尽管如此,我国农业转移人口市民化进程依然有待推进。相较于2030年常住人口城镇化率70%的目标,我国2023年末常住人口城镇化率已经超过66%,常住人口城镇化率的增长速度明显。然而,与我国常住人口城镇化率形成对比的是,我国户籍人口城镇化率依然较低,2022年户籍人口城镇化率为46.7%,与常住人口城镇化率相差18个百分点,而2017年二者相差16.17个百分点。[2] 这意味着我国常住人口与户籍人口之间存在一定的缺口,且这一缺口在不断拉大,我国农业转移人口市民化进程仍需加快。对于各级地方政府而言,细化地方政府在农业转移人口市民化进程中的成本与收益测算,构建合理有效的地方政府财政激励机制,促使各级地方政府加快推进农业转移人口市民化具有十分重要的现实意义。

在这一背景下,本书聚焦农业转移人口市民化进程中的公共服务供给与地方政府财政激励,以前人研究成果为基础,展开农业转移人口市民化进程中公共服务供给与地方政府财政激励的系统研究。理论上,基于若干理论假定,聚焦农业转移人口市民化进程中的公共服务供给,深入探究地方政府推进农业转移人口市民化的财政收益与财政成本,进而探究市民化进程中地方政府财政激励的目标、着力点与手段。实践中,结合调研数据与统计数据,完成市民化进程中农业转移人口公共服务需求排序与需求识别,量化农业转移人口市民化进程与公共服务供给的互动效应,并完成近年来我国农业转移人口市民化地方政府财政激励效果测评。基于理论与实证分析,围绕公共服务供给与地方政府财政激励,提出若干政策建议,为加快推进农业转移人口市民化提供理论参考。

---

[1] 根据相关年份统计公报相关数据测算。
[2] 相关数据源自《国家人口发展规划(2016—2030年)》。

1.1.2 研究意义

本书是前人基础上的细化分析，旨是通过分析农业转移人口市民化进程中地方政府财政行为，探讨促进农业转移人口市民化的地方政府财政激励目标与实现手段，具有一定的学术价值和应用价值。

（1）学术价值：本书融合公共产品理论、财政分权理论，秉承公共经济学的分析方法与范式，尝试构建市民化进程中地方政府财政激励的理论框架。基于理论研究的基本假定，探讨地方政府推进农业转移人口市民化的财政收益与成本，进而挖掘市民化进程中地方政府财政激励的着力点、目标和手段等。理论上，地方政府作为促进农业转移人口市民化的责任主体，其财政行为具有双重目标，包括辖区居民社会福利最大化和政府自身财政收入最大化。地方政府在追求辖区最适人口规模的过程中推动着农业转移人口市民化进程。基于长期激励和短期激励的双重视角，市民化进程中地方政府财政激励的本质，是通过种种手段，改变市民化进程中地方政府公共服务供给成本与财政收益，继而提升地方政府推进公共服务均等化的财政承受能力，以及为农业转移人口提供均等公共服务的积极性，以推动农业转移人口市民化。基于地方政府推进农业转移人口市民化的财政收益和财政成本，明确地方政府财政激励的着力点：地方政府"财政收益—财政成本"组合，而地方政府财政激励的目标应为吸纳最后一个农业转移人口的地方政府财政收益等于公共服务供给的边际成本。基于理论分析，本书梳理现有地方政府财政激励政策，并结合调研数据完成财政激励政策下的农业转移人口公共服务需求识别，验证农业转移人口市民化与公共服务供给的交互效应，量化地方政府"公共服务供给—税收"与农业转移人口市民化的关系，进而以实证数据验证农业转移人口市民化的地方政府财政激励理论，这不仅能够丰富农业转移人口市民化的理论研究，也是对公共产品理论和财政分权理论的延伸与扩展。

（2）应用价值：本书以市民化进程中地方政府财政激励理论为基础，基于统计数据与问卷调查，探讨农业转移人口的市民化意愿测度及其公共服务需求识别，进而选取住房保障为例，量化农业转移人口市民化与地方政府公共服务供给之间的交互效应。构建面板数据模型，考察农业转移人口市民化的地方政府财政激励效果。结果证实，农业转移人口市民化带来地方公共服务供给压力，且上述压力呈现非线性增长态势。农业转移人口市民化带来地方政府公共服务供给成本上扬，公共服务供给中的拥挤效应较为明显；同时，2016年以来相关激励政策在一定程度上调动地方政府推进农业转移人口市民化的积极性，但也存在一定的漏出效应。基于上述实证结论，构建促进农业转移人口市民化的地方政府财政激励机制，为各级政府在推进农业转移人口市民化过程中的公共服务供给及其供给成本分担、推动农业转移人口市民化和城乡间人口合理有序流动提供决策参考。

1.2 基本概念界定

1.2.1 农业转移人口

农业转移人口是我国城镇化进程中依托户籍管理制度出现的一个特殊群体。1958年《中华人民共和国户口登记条例》颁布，将就业、住房、教育以及食品等的供给与户籍制度挂钩，这在很大程度上造成城乡的严格分割、限制人口流动性。这种状态一直持续到改革开放后，城乡分割的户籍制度才开始松动。1984年《中共中央关于一九八四年农村工作的通知》明确指出"各省、自治区、直辖市可选若干集镇进行试点，允许务工、经商、办服务业的农民自理口粮到集镇落户"①，为城乡间人口流动提供了政策支持，农村劳动力开始大规模流向珠三角、长三角等经济活跃地区。2000年《关于进一步开展农村劳动力开发就业试点工作的通知》提出在试点地区范围内取消对农村劳动者流动就业的限制，2003年《国务院办公厅关于做好农民进城务工就业管理和服务工作的通知》进一步明确指出"取消对农民进城务工的不合理限制"②，

---

① 参见《1984年中央一号文件（全文）》，中国农村网，https://www.crnews.net/zt/zyyhwj/lnzyyhwjhg/440270_20210209112255.html。

② 参见《国务院办公厅关于做好农民进城务工就业管理和服务工作的通知》，中国政府网，https://www.gov.cn/gongbao/content/2003/content_62570.htm。

引导农村富余劳动力在城乡、地区间的有序流动。在中央政策引导下，各地逐步推进就业、社会保障、教育等领域的配套改革，农村劳动力转移的规模大幅增加。大量农业剩余劳动力进入城市，以从事非农经济活动为主。与此同时，受制于户籍管理制度，这些农业剩余劳动力大多未发生户籍所在地的变更，呈现出人户分离状态。我们将这部分群体称为农业转移人口。

在学术研究中，"农业转移人口"经常与"农民工""进城务工人员"等称谓交叉使用。然而，三者所涉及的范围也并不完全一致，"农民工""进城务工人员"一般泛指户口在农村，进入城市从事非农经济活动的人口，他们是农业转移人口的主要构成部分。与此同时，大量研究表明，当前我国人口流动的家庭化趋势日益明显，农民工群体正逐步由分散的、单个人的流动，转变为家庭式的流动，而且还呈现出家庭规模不断扩大的趋势[①][②]，这意味着农民工随迁配偶、子女以及老人等非劳动力迁移人口的数量也在不断增加，这部分流动人口已经成为城镇常住人口，本质上应该是"农业转移人口"的构成部分。

综合上述分析，本书对农业转移人口进一步做如下限定：农业转移人口是户口在农村，进入城镇生活就业，以从事非农经济活动为主的人口，他们是我国新型城镇化进程中依托户籍管理制度出现的一个特殊群体。同时，统计数据多以离开户籍所在地，跨乡（镇、街道）居住半年以上作为城镇常住人口的判断标准，出于数据方面的考虑，本书借鉴第七次全国人口普查的统计口径，只有离开户籍所在地，跨乡（镇、街道）居住半年以上的群体才称为农业转移人口。

1.2.2 市民化

伴随我国农业转移人口规模的不断增加，农业转移人口在行为模式上体现出明显的稳定性、家庭化等趋势。《中国流动人口发展报告2016》数据显示，流动人口在现住地的平均居住时间超过4年，有一半

---

① 王文刚、孙桂平、张文忠等：《京津冀地区流动人口家庭化迁移的特征与影响机理》，载于《中国人口资源与环境》2017年第1期，第137~145页。

② 扈新强、赵玉峰：《流动人口家庭化特征、趋势及影响因素研究》，载于《西北人口》2017年第6期，第22~29页。

人在当地居住时间超过3年。未来打算在现住地长期居住的比例超过半数，流动人口的居留稳定性持续增强。同时，流动人口家庭化流动趋势明显增强，流动人口家庭规模持续扩大，随迁老人、儿童群体规模持续增加。第七次全国人口普查数据显示，2020年我国0~17周岁儿童人口2.98亿，其中流动儿童规模7109万人，相较于2010年增长了一倍。① 规模庞大的流动人口在为城镇经济作出重要贡献的同时，却无法均等地享有城镇基本公共服务，在城镇经济社会生活中的融入程度低，流动人口共享改革发展成果的效能低，等等。这不仅阻碍我国新型城镇化水平的提升，更是有悖于社会公平的基本原则。

在这种背景下，深入推进农业转移人口市民化，使农业转移人口真正融入城镇，成为推进以人为核心新型城镇化的必由之路。也正因如此，农业转移人口市民化，应该是一个渐进的过程，是农业转移人口从城镇生活的"边缘化"状态到真正融入城镇生活的一个过程。

首先，市民化是农业转移人口身份转变的一个过程，包含职业身份和社会身份的转变。职业身份的转变是从传统农业生产者的身份转变为城镇非农经济活动从业者。社会身份的转变则是从农村户籍到城镇户籍。如前，农业转移人口是我国新型城镇化进程中依托户籍管理制度出现的一个特殊群体。改革开放后，大量的农业转移人口从农村迁移到城镇就业、生活，进而带来农业转移人口收入的提升和职业身份的转变。职业身份的转变带来农业转移人口的出现，成为农业转移人口市民化的开端。伴随职业身份与生活环境的转变，农业转移人口也在不断融入城镇社会，然而由于收入水平、户籍制度等种种因素的制约，农业转移人口参与城镇社会生活、享有城镇公共服务等方面依然与城镇居民存在一定的差距，农业转移人口在生活方式、消费理念、社会活动参与程度等方面也与城镇居民存在一定的差距，这都意味着他们并未真正实现社会身份的转变。农业转移人口市民化的过程就是在不断弱化城镇公共服务与户籍制度相关性的同时，放开户籍管制，实现农业转移人口职业身份与社会身份的真正转变，最终实现农业转移人口真正融入城镇生活。

其次，市民化以农业转移人口真正融入城镇生活为最终目标。市民化不仅仅是农业转移人口身份的转变。要使农业转移人口真正融入城镇

---

① 参见《2020年中国儿童人口状况事实与数据》，国家统计局网站，https：//www.stats.gov.cn/zs/tjwh/tjkw/tjzl/202304/P020230419425666818737.pdf。

生活，获得城镇户籍仅仅是其中的一部分。很多学者基于不同视角赋予市民化更为丰富的内涵，包括公共服务全覆盖、生产生活方式的转变自身、自身素质的提高，以及价值理念、工作思维和生活习惯的转变等很多方面。因此，农业转移人口市民化在客观上表现为，通过制度改革，赋予农业转移人口与城镇居民一样的各项基本权利，在主观上表现为农业转移人口思想价值理念的转变。其中，客观层面的农业转移人口市民化是基础，只有通过城镇公共服务供给制度的完善，将更多的农业转移人口纳入保障范围，才能提升他们的劳动技能和收入水平，才能实现农业转移人口在经济社会各方面融入城镇生活，才能从根本上推动农业转移人口思想价值理念的转变。

综上，农业转移人口真正融入城镇生活，至少应该包括两大核心内容：一是农业转移人口享有均等化的公共服务。在逐步弱化公共服务供给与户籍制度相关性的同时，扩大城镇公共服务供给范围，使之逐步覆盖农业转移人口。二是农业转移人口经济生活条件的改善。通过城乡基础教育、就业技能培训以及住房保障体系的完善，提升农业转移人口经济生活条件，使之更快地融入城镇生活。

1.2.3　财政激励

激励理论是管理学的研究对象。在管理学中，激励是通过影响人们内在需求或动机，加强、引导和维持某种行为的一个过程。马斯洛的需求层次理论（Maslow，1943）、赫茨伯格的双因素理论（Herzberg，1959）、费罗姆的期望理论（Vroom，1964）、麦格雷戈的"X－Y"理论（McGregor，1960）以及波特和劳勒的综合激励模型（Porter and lawler，1968）等经典的激励理论，分别探讨了不同激励因素的作用和效果。其中，波特和劳勒的综合激励模型、综合波特的期望激励理论、劳勒的期望理论模型、亚当斯的公平理论及赫茨伯格的双因素理论等，系统描述激励的全过程，具有一定的代表性。按照综合激励模型，激励影响个人的努力程度，而个人工作的实际绩效往往取决于以下几个因素：能力的大小、努力程度以及对所需完成任务理解的深度等。

本书以农业转移人口市民化的地方政府财政激励为研究对象，着力于探讨在当下的地方财政压力下，如何构建有效的财税激励机制，促使地方政府扎实推进农业转移人口市民化进程。本质上，是借助政府间转移支付、税收等财政手段，以地方政府为激励对象，以实现农业转移人口市民化为目标。在农业转移人口市民化进程中，地方政府是推进本地农业转移人口市民化的责任主体。在农业转移人口市民化过程中，地方政府能否为农业转移人口提供均等的公共服务，对推进农业转移人口市民化进程至关重要。按照综合激励模型，地方政府能否为农业转移人口提供均等的公共服务，可能取决于如下几方面因素：地方政府财政承受能力的大小、地方政府为农业转移人口提供均等公共服务的积极性以及地方政府对农业转移人口市民化的理解程度等，而中央政府通过财政转移支付、税收等手段，提高地方政府推进农业转移人口市民化的财政承受能力和供给均等公共服务的积极性，推动农业转移人口市民化进程。

基于此，农业转移人口市民化进程中地方政府财政激励着眼于农业转移人口市民化进程中的地方政府财政行为，以地方政府为激励对象，借助政府间转移支付、税收等财税手段，改变地方政府财政承受能力，调节地方政府公共服务均等化供给的积极性，构建市民化进程中地方政府财政激励机制，以推动农业转移人口市民化进程。

1.3　研究文献综述

1.3.1　国内文献综述

促进农业转移人口市民化，是推进以人为核心的新型城镇化建设的首要任务和关键举措，是破解城乡二元结构的根本途径，是关系中国经济社会发展的重大战略部署。近年来，农业转移人口市民化问题备受国内学者关注，相关研究文献众多，学者从制度供求、公共服务供给、财政分权等视角，不断细化农业转移人口市民化研究。

较早的研究大多以定性分析方法，探讨农业转移人口市民化的内涵、必要性以及农业转移人口市民化的制度阻碍等诸多内容。尽管大量研究赋予农业转移人口市民化丰富的内涵，但多数研究认为，户籍身份的认同、城镇公共服务全覆盖是农业转移人口市民化的重要组成部分

（刘传江，2007；申兵，2011；国务院发展研究中心本文组，2011；魏后凯等，2013）。普遍认为，农业转移人口市民化对于保障农业转移人口的平等权利、促进农村剩余劳动力转移、推进以人为核心的新型城镇化进程、实现城乡发展一体化，均具有重要的意义。在此基础上，大量研究不仅基于宏观层面探讨户籍制度、公共服务供给制度设计以及政府政策推动对农业转移人口市民化的影响（刘小年，2017），而且探讨社会资本、受教育水平以及心理认同等因素对农业转移人口市民化的影响（沈映春等，2013；吕炜等，2017）。此外，针对新生代农民工、城郊失地农民工以及返乡创业农民工等特定农业转移人口的市民化及其影响因素研究逐步增多，农业转移人口市民化研究更为细致。

伴随研究的不断深入，围绕农业转移人口市民化的实证研究大量涌现。研究焦点之一是农业转移人口市民化水平测度。由于户籍身份的认同是农业转移人口市民化的重要内容，因此一些学者选择户籍人口或者户籍家庭户数占比，作为衡量农业转移人口市民化水平的指标（张英洪，2014；王昭等，2014）。更多的研究则基于微观调查数据，基于经济社会外在因素和农业转移人口自身特征等诸多方面，选取具体指标完成综合评价（刘传江等，2008；2009；王桂新等，2008；苏丽锋，2017；王春超等，2021；张士杰等，2024）。由于调查数据与研究对象的差异，指标选取不尽相同，涵盖市民化意愿、经济生活、文化素质、心理认同以及户籍身份等多个方面，如佟大建等（2022）从就业、健康医疗、社会保障和教育四个维度选取指标衡量，而张正岩等（2023）则从政治参与、社会保障、居住状态、经济基础和社会交往五个层面完成指标选取。基于不同的指标选取，选取专家赋权法、熵值法、等值赋权法和机器学习方法等完成市民化程度测算（徐建玲，2008；刘松林等，2014；苏丽锋，2017；齐秀琳等，2024）。

农业转移人口市民化意愿及其影响因素是另一研究焦点。大量研究以调查数据为基础，以二元或多元 Logistic 回归模型、结构方程或者需求识别的 Bioprobit 模型，探讨农业转移人口市民化意愿及其影响因素。结果显示，市民化意愿受农业转移人口自身经济社会特征的影响，包括就业性质、受教育程度、在外打工时间、收入水平、子女随迁以及城市融入度等因素（张红霞，2014；李练军，2015；陈志等，2016；陈昭玖，2016；张启春，2017）。由于样本选取不同，实证分析结果也不尽相同。一些研究还探讨农村土地制度对农业转移人口市民化意愿的影响（黄忠华，2014；徐美银，2015）。

上述大量文献为农业转移人口市民化研究奠定了坚实的理论基础，也为本书的后续研究提供了研究方法的借鉴。同时，现有研究在以下三方面为农业转移人口市民化进程中地方政府财政行为研究奠定基础。具体而言：

1. 地方政府公共服务供给对农业转移人口市民化的促进作用

大量农业转移人口市民化意愿及其影响因素的实证研究表明，地方政府社会保障、就业培训等公共服务供给对农业转移人口市民化意愿存在显著正向影响。周密等（2015）的研究显示，在中小城市，参加技能培训对新生代农民工市民化意愿有显著影响。齐红倩等（2017）的研究显示，子女上学、政治参与以及职业培训等福利水平的提升显著提升农业转移人口市民化概率。此外，一些研究特别强调社会保障制度对农业转移人口市民化意愿的正向影响（秦立建，2014；张文武，2018；乔冠名等，2018；佟大建等，2022）。秦立建等（2017）的研究探讨医疗保险对市民化意愿的影响程度要高于养老保险。祝仲坤（2017）的研究表明，缴存住房公积金使新生代农民工留城意愿显著提升5.3%。李抗（2015）量化教科文卫支出、财政支农支出和社会保障支出等对农业转移人口市民化的影响，验证公共财政政策导向对市民化进程的影响。柳杨（2016）、皮国梅（2016）等探讨农业转移人口市民化进程中的地方政府行为变迁，以及地方政府在就业、教育、保障等公共服务供给中的制度障碍和行为缺失，及其对市民化进程的影响。佟大建等（2022）的研究发现，医疗卫生、教育和社会保障等公共服务支出对农业转移人口市民化水平产生正向影响。付明辉等（2024）研究发现城市基本公共服务显著提高农业转移人口城市定居意愿，基本公共服务水平每增加1%，农业转移人口定居意愿显著提高3.4%。张正岩等（2023）、薛艳（2024）等则直接将农业转移人口对社会保障的参与程度纳入市民化水平的测度指标体系中。

2. 地方政府促进农业转移人口市民化的财政成本及其分担

大量研究表明，尽管地方政府及其公共服务供给在促进农业转移人口市民化进程中的关键性作用，但市民化及其公共服务供给，必然需要地方政府承担大量的财政成本，这成为地方政府推动市民化进程的重要阻碍。较早的研究基于财政分权视角探讨地方政府为缓解财政压力，保障本地居民公共服务供给，设置人口迁移障碍的内在逻辑及其对农业转移人口市民化的影响。在财政分权体制下，传统按户籍人口计算地方财力的方法，对地方政府解决"农民工"问题形成某种体制性障碍（孙红玲，2011）。为保证本地公共服务供给效率，减少人口流出的效益外溢和人口流入的拥挤效应，往往采取某种限制人口迁移措施（如户籍制度）或者流动人口甄别措施，有选择性提供各项公共服务（夏纪军，2004）。这种做法在很大程度上加剧了劳动力市场、社会保障和教育等的制度分割，阻碍农业转移人口市民化进程。戚伟等（2016）、张凌华等（2017）均测算市民化过程中地方政府放开户籍制度面临的财政压力及其地区差异。

近年来，大量研究试图选取不同规模城市测算农业转移人口市民化的公共服务供给成本，探讨政府、企业和个人之间以及各级政府之间的成本分担。成本测算方法最为常见的做法是分类计算后加总，即测算子女教育、公共卫生、就业扶持、社会保障等方面的人均支出和总支出（张占斌等，2013；张继良等，2015；王志燕等，2015）。由于成本测算范围与样本城市不同，测算结果存在较大差异。按照吴波的梳理，农业转移人口市民化的人均成本在 5 万~10 万元区间的省份相对较多，而北京、上海等特大城市市民化的人均成本则达到 30 万元以上。① 宋扬（2019）测算户籍制度全面改革后农民工进城工作的成本与收益，结果显示全面户籍改革需要政府提供公共支出约 1.8 万亿元。张锦华等（2022）以系统动力学仿真讨论农民工市民化成本。结果显示，在保持各项成本和收益增长率不变情况下，社会和政府每年至多负担 4%~6% 的新增流动人口市民化。

3. 促进农业转移人口市民化的地方政府收益

在关注地方政府促进农业转移人口市民化的财政成本的同时，部分研究也试图量化地方政府促进农业转移人口市民化的财政收益。一种常见的做法是以现有人均财政收入为标准，估算市民化带来的地方财政收入增加，如胡桂兰等（2013）按照广东省从业人员年人均财政收入计算的每个农民工为财政收入贡献 76 万元；黎红（2017）以常住人口人

---

① 吴波：《农业转移人口市民化成本研究综述：分省测度》，载于《山东财经大学学报》2018 年第 1 期，第 113~120 页。

均国内生产总值（GDP）×财政收入占GDP的比例来衡量市民化财政收益。和上述做法类似，一些研究以人均财政收入为基础，利用农业转移人口与城镇职工的收入差距加以调整。余英等（2018）以人均一般公共预算收入×流动人口人均年化收入÷城镇职工人均年工资收入表示一个流动人口转化为户籍人口所增加的财政收入；刘晓（2018）、周春山等（2015）以人均财政收入数据×农业转移人口收入水平÷城镇平均工资收入的比值，量化市民化的财政收益。此外，魏义方（2017）以农民工在城镇缴纳的税费金额与假设仍在农村的情况下缴纳税费的差额，即增量财政收入量化地方政府财政收益。宋扬（2019）测算户籍制度全面改革后农民工进城工作的收益，包括城市GDP大幅提高、收入差距明显下降等，结果显示全面户籍制度改革带来的总收益与改革成本基本上可以抵消，并能大幅缩减城乡差距，促进社会公平。张芯悦等（2020）基于全国35个大城市数据的研究发现，只有西宁、南宁、石家庄和重庆四市推进农业转移人口市民化改革的财政收益低于成本，其他大城市的收益均高于成本。

另一种做法则是通过构建计量模型量化市民化对地方财政收入的影响。现有研究普遍认同农业转移人口对促进地方经济发展的重要作用。石忆邵等（2015）构建计量模型，量化市民化率对地方经济发展的影响，结果显示，上海市一次性转化310万名意愿农民工，将给上海市经济带来130.032亿元的收益。陆万军等（2016）则探讨市民化所产生的社会收益。尽管如此，一些实证研究显示农业转移人口市民化并不能对地方财政收入产生显著影响，导致地方政府推动农业转移人口市民化的财政激励不足。甘行琼等（2015）量化流动人口对地方税收收入以及增值税、营业税、企业所得税等分项税收收入的影响，结果显示人口流入对地方税收收入产生负向影响，随着流动人口数量的增加，地方人均税收收入趋于下降。李英东（2017）等的研究同样表明当前地方政府财政激励不利于推动农民工市民化进程。正因如此，健全与常住人口挂钩的财政转移支付制度，确保地方政府财力与支出责任匹配，有利于农业转移人口市民化进程的稳步推进（张致宁等，2018）。

文献梳理发现，现有农业转移人口市民化进程中地方政府财政行为的相关研究，为本书的后续研究奠定了理论基础，并提供研究方法借鉴。尽管如此，农业转移人口市民化进程中地方政府财政行为研究在以下两方面有待细化：一是农业转移人口市民化的公共服务供给成本测算有待细化。伴随农业转移人口市民化进程，地方公共服务供给成本并非线性增长。大量研究验证人口增加对地方公共服务供给的拥挤效应，这是地方政府公共服务供给成本测算中不能忽视的；同时，以分类计算后加总方法反映地方政府公共服务供给成本具有一定的局限性。农业转移人口市民化对地方政府公共服务供给成本的影响不限于典型公共服务，农业转移人口市民化同样带来一般行政服务、公共安全与公共文化等项目的同步增加。二是农业转移人口市民化的地方政府财政收益有待量化。现有研究虽探讨促进农业转移人口市民化的地方政府财政收益问题，并普遍认同农业转移人口的财政贡献偏低，导致地方政府推进市民化的动力不足，然而实证检验相对较少。

1.3.2 国外文献综述

由于实践背景不同，国外农业转移人口市民化直接研究较少，但国外人口迁移，特别是人口迁移与地方政府财政行为的互动关系研究，与农业转移人口市民化研究具有一定的相似之处，为本书的相关研究提供一定的经验和方法借鉴。

早期对于人口迁移与地方政府财政行为的相关研究，大致沿着两条主线进行：一条主线可以追溯到蒂布特"用脚投票"理论[1]，在蒂布特所描述的地方政府竞争系统中，人口迁移影响地方政府"公共服务—税收"组合。秉承蒂布特思想，大量文献探讨人口迁移与地方政府"公共服务—税收"组合的互动关系；另一条主线则以人口迁移理论为源头，以拉文斯坦"迁移定律"、刘易斯的二元经济结构理论、李的人口迁移推—拉理论和托达罗的迁移预期收入理论为主线，系统探讨二元经济结构下人口迁移的空间特征、动因及影响因素等问题。伴随研究的深入，大量研究探讨人口迁移对流入地经济的影响，特别是人口迁移对流入地养老金体系的影响，进而引申出人口迁移对地方政府财政影响的相关研究。

---

[1] 按照蒂布特模型，在人口具有完全流动性和诸多辖区地方政府的竞争性系统里，地方政府追求最优社区规模，通过制定公共服务供给决策，吸引人口迁移到本地区，以获得税收收入的增加，从而将人口迁移与地方政府"公共服务—税收"组合相联系。

1. 以蒂布特模型为理论起点的研究

以蒂布特模型为理论起点，一些学者提出人口迁移改变公共服务受益人群数量以及人群结构变化，进而影响流入地方政府的公共服务供给成本。具体而言：

（1）人口迁移改变人口规模，影响地方政府公共服务供给成本。

以蒂布特模型为理论起点，一些学者遵循公共经济学的研究方法与研究范式，探讨人口迁移对公共服务供给的影响，即人口迁移带来地方政府公共服务受益人群数量的变动，进而影响地方政府公共服务供给成本。其中，基于公共选择理论的相关研究众多。

在公共选择理论看来，由于投票均衡符合中间投票人偏好，因此可以将地方政府公共服务供给看作中间投票人某些特征的函数，包括税收价格、收入以及反映影响中间投票人需求的其他社会经济特征。由于社会成员享有公共服务 q 与政府公共服务供给成本 G，人口规模 N 之间存在某种数量关系，即 $q = g(N) \times Q$，所以实证检验中可用 G 代替 q，进而将政府公共服务供给成本看作中间投票人所承担的税收价格、收入以及人口规模等的函数，即公式 $G = f(t_m, y_m, N, Z_k)$[①]，从而量化公共服务供给成本 G，亦即公共支出，与人口迁移之间的关系。

基于中间投票人理论，BD–BG 模型成为较早量化人口迁移与地方公共服务供给成本的数理模型[②]，探讨人口迁移影响辖区内居民分摊的公共服务价格（税收）及消费决策，改变投票结果和地方政府公共服务供给。BD–BG 模型将居民消费公共服务面临的拥挤函数定义为 $g(N) = N^\gamma$[③]，进而量化人口迁移带来的人口规模 N 对地方政府公共服务

[①] 公式中，t_m 为中间投票人承担的税收价格，y_m 为中间投票人的收入，N 为人口规模，Z_k 为影响中间投票人需求的其他经济社会特征。

[②] 即 Borcherding 和 Deacon（1972）、Bergstrom 和 Goodman（1973）在相关研究中构建的实证模型。

[③] 在 Borcherding 和 Deacon（1972）、Bergstrom 和 Goodman（1973）的模型设定中，$g(N) = N^\gamma$ 采用的是常弹性拥挤函数，其中 γ 为拥挤系数，本质上是一个反映人口规模弹性的常量。此后，Craig（1987）、Craig 和 Heikkila（1989）在针对社区层面警察服务的实证检验中，提出一个递增弹性拥挤函数 $g(N) = N^{\gamma_0} e^{\gamma_1 N}$，其中 γ_0 和 γ_1 均是反映人口规模弹性的常量，N 为人口规模，e 为自然常数，并认为警察服务存在较为明显的拥挤问题。Edward（1990）则提出一种灵活指数拥挤函数，即 $g(N) = N^{\gamma_0} e^{\gamma_1 N + \gamma_2 N^2 + \gamma_3 N^3}$，其中 $\gamma_0、\gamma_1、\gamma_2、\gamma_3$ 均是反映人口规模弹性的常量，N 为人口规模，e 为自然常数，用以验证人口规模增加影响公园和文化娱乐支出、警察支出等公共服务供给成本的拥挤效应。

供给的影响。基于 BD – BG 模型的大量实证检验结果验证了公共服务供给成本与人口迁移之间的关系,包括赫尔克姆博和苏柏尔(Holcombe and Sobel, 1995)、瑞特和威彻恩瑞特(Reiter and Weichenrieder, 2003)、杰瑟林等(Josselin et al., 2009)、布莱恩和罗斯(Brunner and Ross, 2009)等。其中,一些研究表明,因人口迁移、人口规模增加而产生明显的拥挤效应,带来地方政府公共服务供给成本的大幅上升。

尽管以 BD – BG 模型为基础的实证研究操作简便,但由于中间投票人的层层假设,引致若干质疑。[①] 基于此,一些学者基于厂商生产理论,以政府公共服务供给过程中的劳动力和资本投入为基础,设定生产函数测度政府公共服务供给(产出),并以相关指标反映居民享有公共服务水平 q,进而探讨人口迁移、规模变动与公共服务供给成本的关系。布莱德布特等(Bradford et al., 1969)、布鲁克恩(Brueckner, 1981)以及顿克姆博和因戈尔(Duncombe and Yinger, 1993)等构建此类研究的总体框架。

有别于 BD – BG 模型,基于生产理论的实证模型大多将公共服务供给分为"公共生产—公共消费"两阶段。公共生产阶段,模型以厂商生产理论为基础,将地方政府的直接产出 Q 看成一定技术水平下若干投入要素(如资本、劳动)的函数 $Q = Q(x)$,x 表示一组投入要素的向量,于是政府公共服务供给成本表示为 $G = G(Q, w) \equiv \min\{w'x | Q(x) = Q\}$,w 是投入要素价格向量;公共消费阶段,模型把直接产出 Q 转化为居民享有公共品 q,其中受到消费者人数 N 和其他环境变量 a 的影响,即 $q = \phi(Q, N, a)$ 以及 $Q = \gamma(q, N, a) \equiv \phi^{-1}(q, N, a)$。

布鲁克恩(1981)以 $q = \phi(Q, N, a)$ 为基础探讨美国房屋保险保费和市立消防服务估价的关系。他计算消防减少的火灾损失,并以此衡量消防服务数量 q。存在消防服务产出 $Q = \tau(F, W)$,F 为消防服务的供给能力,W 为供水系统的运送能力。消防服务和供水系统的成本函数为 $E_f = \pi(F, y)$ 和 $E_w = \mu(W, y)$,y 为工资率,则 $q = \phi[\tau(\tilde{\pi}(E_f, y), \tilde{\mu}(E_w, y)), N, S] \equiv \nu(E_f, E_w, N, S, y)$。以柯布—道格拉斯生产函数表示为 $q = aE_f^\alpha E_w^\beta N^\gamma S^\delta y^\theta$,之后以数据加以检验。克莱格

[①] 以中间投票人定理为基础构建的理论模型简便易行,但也备受争议。其中,围绕"中等收入水平者为中间投票人"核心假定的争论甚多。例如,Epple(2001)等研究表明中等收入者没有在投票中发挥关键性作用。

(Craig, 1987)、克莱格等（Craig et al., 1989）、雷欧赫曼等（Loehman et al., 1985）等研究均证实人口迁移对地方政府公共服务供给成本的影响。

（2）人口迁移改变人口结构，影响地方政府公共服务供给成本。

随着研究的深入，一些学者借鉴社会学相关理论，探讨人口迁移带来流入地人口结构的多样化，进而引发公共服务的异质性需求，影响地方政府公共服务供给成本。

阿里斯纳等（Alesina et al., 2004；2016）构建理论模型，探讨地方政府辖区内不同种族的异质性偏好与公共服务供给成本的相关性。基于美国大都市地区、城市县数据的实证检验显示，教育、道路、下水道和垃圾收集等公共品的政府供给与地方种族构成呈现明显的负相关关系，在种族多样性最明显的20世纪90年代，上述公共服务供给水平却最低。这主要是由于不同种族的存在削弱了本地居民的公共服务受益，并迫使地方政府选择低水平公共服务供给。瑞森等（Razin et al., 2002）认为低收入居民的迁移对公共支出产生两种影响：一是低收入移民作为"税收—转移支付"体系的净受益者将会和本地低收入者一起，支持高税收政策，带来公共支出水平的提高；二是低收入移民冲击本地低收入者在"税收—转移支付"体系中的受益，促使本地居民不再支持高税收政策，公共支出水平随之降低。基于1974~1992年欧洲11个国家数据的实证检验证明后者的存在，并将之命名为移民的财政漏出效应。

梅尔（Mayr, 2005）在瑞森（2002）的基础上，细化政府用于公共服务与私人物品的公共支出，指出人口迁移对公共服务供给的影响显著与否，关键取决于本地居民偏好。他提出人口流动影响公共品供给的"不合群效应"（anti-social effect），即流动人口与本地居民往往具有异质性偏好，同质性的本地居民间实现信任与合作的概率相对较高，而流动人口与本地居民间实现信任与合作的概率大大降低，这就在无形中增加了公共服务供给成本。基于1990~2001年经济合作与发展组织（OECD）国家的实证检验显示，低技术移民对公共服务供给的影响是负向，进而验证"不合群效应"的存在，而高技术移民的影响则是正向的。比阿哥欧（Biagio, 2012）基于欧盟15国的研究表明，移民带来的成员异质性与种族多样性影响公共服务供给，外来人口增加对地方政府的教育供给产生负面影响，教育支出与外来人口规模之间的弹性为-0.15。

2. 第二类研究：以人口迁移理论为起点的研究

20世纪以来，西方很多国家都面临移民率的上下波动，以及社会民众对新移民态度的起起落落，这促使大量研究探讨人口迁移及其对流入地经济社会的影响。一些学者借鉴经济增长理论等，侧重从宏观层面探讨人口迁移对流入地经济社会的影响，其中涉及人口迁移对流入地财政运行状况的影响。

早期对移民技能特征的研究为人口流入相关影响的研究奠定了基础。普遍认为，移民与本地居民在教育构成、年龄分布以及就业行业等方面存在很大差别。研究表明，国外移民在非常高的学位（博士学位）中相对更具代表性、在劳动力中的年轻人（18~35岁）中代表性过高，如达斯特曼等（Dustmann et al.）基于英国劳动力调查数据的分析显示，英国1997~2005年间早期移民的受教育水平普遍高于本地居民，而近年来接近1/2的新移民拥有最高级别的受教育程度。[①] 此外移民的行业分布也往往具有明确而具体的模式：他们在低学历人群中的体力密集型工作中的比例过高，在高学历人群中的科技工程数学密集型工作中的比例过高。相比之下，他们在沟通密集型、官僚主义类型的工作中相对少见。由于移民往往集中于某些技能群体，人口的迁移与流入将影响本地相似技能群体在劳动力市场上的竞争力，影响相关公司的技术与产品组合及资本流动，这都将对流入地经济社会各方面产生影响。在经济层面上，学者探讨了人口流入对本地劳动力市场、资本流动、养老金体系、财政负担以及总体经济运行的影响；在社会层面上，学者则探讨了人口流入对社区犯罪率、种族关系等方面的影响。

人口迁移与经济增长方面，国外学者探讨了人口迁移影响本地经济增长的短期和长期效应。一些学者在假定资本存量、本地劳动力供给、技术和生产力不变的情况下，探讨人口迁移与流入影响本地经济增长的局部效应。现实中，全球每年有近2.81亿人选择迁移他国生活，占全球总人口的3.6%。[②] 随着时间的推移，人口的迁移与流入也在长期影响着流入地的劳动力供给、资本、技术和经济产出，因此更多的学者探讨人口迁移影响本地经济增长的长期效应。一些研究探讨了移民对人均

---

① Dustmann C, Frattini T, Preston I. The Effect of Immigration along the Distribution of Wages [J]. *Cream Discussion Paper*, 2013, 80 (1): 145 – 173.

② 数据源自《世界移民报告2024》, https://population.un.org/wpp/。

GDP和生产率的影响。奥特戈和皮瑞（Ortega and Peri）考虑移民的地理特征，从制度、文化和历史层面选取控制变量，量化移民对一国生产力的影响。结果显示，移民份额对各国经济有明显的正向影响。[①] 阿里斯那等（Alesina et al.）采用类似的方法分析了"出生国"多样性对人均GDP和生产率的影响，并发现了积极和显著的影响。[②] 里维斯等（Lewis et al.）探讨高技能移民（科学家和工程师）对美国城市平均工资和生产率增长的影响。此外，一些研究认为移民的技能特征可能影响经济的非均衡发展。[③] 达斯特曼等（Dustmann et al.）探讨移民对英国工资分配的影响，发现移民对缩小工资差距有轻微的积极影响，移民的平均受教育水平高于当地平均水平，其工资水平虽然相对较高，但仍低于他们对拉动经济发展的贡献，进而有助于缩小总体的收入差距。[④] 卡德（Card, 2009）和布劳、卡恩（Blau and Kahn）[⑤] 发现，移民在近几十年来美国不平等现象的加剧中并没有发挥重要作用，这主要是由于大学和非大学教育的移民流入相对平衡，以及移民在人口中所占比例较小。

人口迁移与地方财政运行方面，学者最早关注的一个问题在于移民参与流入地社会福利服务的数量，这是影响地方政府财政运行的直接因素，也是人口迁移对流入地经济影响的一个关键决定因素。一些研究认为，相比于流出地，流入地社会保障计划往往比移民的家乡更为慷慨，这使得移民被吸引到具有高社会福利的国家，也即"福利磁石效应"。博杰斯（Borjas）[⑥]、布彻尔和福瑞克（Büchel and Frick, 2005）等的研究验证了该效应的存在。另外，布劳（Blau, 1984）、提恩达和詹森（Tienda and Jensen, 1986）等的研究以社会福利的使用频率为度量标

[①] Ortega F, Peri G. Openness and income: The roles of trade and migration [J]. *Journal of International Economics*, 2014, 92 (2): 231–251.

[②] Alesina A, Harnoss J, Rapoport H. Birthplace Diversity and Economic Prosperity [J]. *Journal of Economic Growth*, 2016, 21 (2): 101–138.

[③] Lewis E G, Peri G. Immigration and the Economy of Cities and Regions [J]. *Social ence Electronic Publishing*, 2014, 5: 625–685.

[④] Dustmann C, Frattini T, Preston I. The Effect of Immigration along the Distribution of Wages [J]. *Cream Discussion Paper*, 2013, 80 (1): 145–173.

[⑤] Francine D. Blau, Lawrence M. Kahn. Chapter 15-Immigration and the Distribution of Incomes [J]. *Handbook of the Economics of International Migration*, 2015, 1: 793–843.

[⑥] Borjas G. The economic analysis of immigration, in Ashenfelter O. & Card D. (eds) *Handbook on Labor Economics*, 1999, Vol. 3A, Elsevier, Amsterdam.

准，提出移民家庭使用社会福利的频率低于其他类似的美国家庭。贝克尔和本杰明（Baker and Benjamin，1995）的研究同样表明，移民在失业救济金、社会保险和住房保障等方面的消耗均低于本地居民。

一些研究探讨了居住时间、年龄、性别等因素在移民参与本地社会福利中的不同作用。博杰斯（Borjas）发现，20世纪70年代，美国移民对社会福利的使用急剧增加。究其原因，一是20世纪60年代新移民群体的劳动力市场地位较弱；二是伴随移民对流入地社会福利制度的了解，融入本地社会福利的可能性大大提升。[1] 胡（Hu）认为美国老年移民比年轻移民（与同龄本地人相比）在社会福利使用方面的比例更高。其中，教育、语言能力和劳动力市场的成功影响其对本地社会福利的使用。[2] 古斯曼和斯坦梅尔（Gustman and Steinmeier）认为移民男性使用社会福利的频率与所得都低于当地人，而移民妇女则更有可能获得福利，特别是社会保障。其中，移民男性退休时缴纳的税款是本地男性的76%，但领取的养老金和其他社会保障是本地男性的83%，而女性则分别为78%和80%。[3]

人口迁移与地方财政运行方面，学者关注的另一个问题在于，人口迁移对流入地社会福利、教育和医疗保健等带来的负担是否超过了移民所交的税款。量化人口迁移对地方财政运行的方法大致可分为以下两种。

一种是移民盈余法，是以计量模型量化由于移民带来的劳动力供应增长以及GDP增长百分比。博杰斯（Borjas）基于该种方法探讨估计了移民的净影响。根据不同的假设，移民的净影响从160亿澳元的成本到600亿澳元的收益不等。[4] 帕塞尔和克拉克（Passel and Clark）计算出移民缴纳的税款比他们从美国社会和教育体系中获得的好处多270亿美元。[5] 相比之下，胡戴尔（Huddle，1993）认为移民在1992年的年净

---

[1] George J, Borjas. Immigrant Participation in the Welfare System [J]. *Industrial & Labor Relations Review*, 1991, 44 (2): 196–211.

[2] Hu W-Y. Elderly immigrants on welfare [J]. *Journal of Human Resources*, 1998, 33 (3): 711–741.

[3] Gustman A. and Steinmeier T. Social security benefits of immigrants and the U.S. born, in Borjas G. (ed.) *Issues in the Economics of Immigration*, 2000, The University of Chicago Press.

[4] Borjas G. The economic benefits from immigration [J]. *Journal of Economic Perspectives*, 1995, 9 (2): 3–22.

[5] Passel J. and Clark R. How much do immigrants really cost? A reappraisal of Huddle's [R]. The cost of immigrants, Urban Institute Working Paper. 1994.

成本为400亿美元。李和米尔（Lee and Miller）[①]、史密斯和埃德蒙顿（Smith and Edmonton，1997）、奥尔巴彻和欧瑞普洛斯（Auerbach and Oreopoulos，1999）等的研究则显示，单个移民的平均净成本或收益很小。

另一种是代际核算法。它是基于一系列假设，量化移民一生缴纳的税收和所消耗公共产品的贴现差额。奥尔巴彻和欧瑞普洛斯（1999）、史密斯和埃德蒙顿（1997）以及鲍尼恩等（Bonin et al.）[②]分别以美国、德国为例应用该方法量化移民对一国财政运行的影响。斯道莱特恩（Storesletten，2000）以一般均衡的世代交叠模型测算了美国移民政策的财政影响，结果显示，每年接纳160万40~44岁高技术移民，可以解决婴儿潮一代老龄化相关的财政问题，而美国新移民平均净收益7400美元，相当于人均国民生产总值的0.3倍。此外，他还模拟移民群体的异质性。受过高等教育的移民提供了新的人力资本，通常在美国劳动力市场上获得成功，并且缴纳的税收比他们用于公共产品和服务的税收要多。未受教育的老年移民往往给社会造成巨大的净经济成本。根据移民的教育水平，计算出的差别可能是惊人的，从3.6万美元到9.6万美元不等。[③] 古斯塔夫森和奥斯特伯格（Gustafsson and Österberg）对欧洲国家的研究则发现，在瑞典，新移民和难民在劳动力市场上占有较多份额，他们带来的财政运行成本比居住满5年的移民更多。[④] 相比之下，森和温蒂尼（Sinn and Werding，2001）、洛德恩伯格等（Roodenburg et al.，2003）以及科耐普等（Knaap et al.，2003）针对德国、瑞士和挪威等欧洲国家的研究发现，不同移民群体对财政运行的净影响差异很大。由于移民的平均教育水平要低得多，相较于所负担的税收，他们更多的是公共产品和服务的消费者。

基于国外文献梳理，现有人口迁移与地方政府财政行为的相关研究，为本书的后续研究提供了研究方法借鉴。人口迁移带来地方政府公

---

① Lee R. and Miller T. Immigration, social security and broader impacts [J]. *American Economic Review*, 2000, 90 (2): 350 – 354.

② Bonin H., Raffelhueschen B. and Walliser J. Can immigration alleviate demographic burden? [J]. *Applied Economics Quarterly*, Supplement, 2000 (5): 127 – 156.

③ Storesletten K. Sustaining fiscal policy through immigration [J]. *Journal of Political Economy*, 2000, 108 (2): 300 – 323.

④ Gustafsson B. and Österberg T. Immigrants and the public sector budget. Accounting exercise for Sweden [J]. *Journal of Population Economics*, 2001 (14): 689 – 708.

共服务供给成本的提升。大量研究证实，伴随人口迁移与公共服务受益群体规模的扩大，人口迁移带来地方政府公共服务供给成本的提升，这种提升多数情况下并非呈现线性增长态势，也即人口规模增加带来的拥挤效应，大量国外研究证实拥挤效应的存在，这也是市民化进程中公共服务供给成本测算不能忽视的问题，以分类计算后加总的方式难以反映上述因人口增加带来的单位公共服务供给成本变动。相比之下，BD-BG模型为本书验证农业转移人口市民化带来的公共服务供给成本变动提供了新的思路与方法。

1.4 研究思路与内容

本书基于城镇基本公共服务供给，以促进农村转移人口市民化的地方政府财政激励为研究对象，并将研究对象细分为四部分：一是促进农业转移人口市民化的地方政府财政激励理论；二是促进农业转移人口市民化的地方政府财政激励现状；三是促进农业转移人口市民化的地方政府财政激励效果测评；四是促进农业转移人口市民化的地方政府财政激励机制构建。围绕上述研究对象展开研究，具体研究思路及其内在逻辑如图1-1所示。

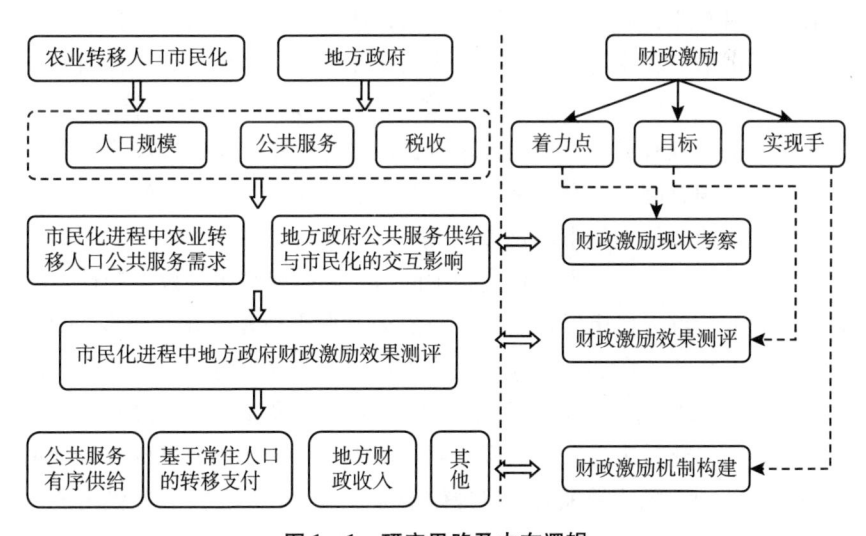

图1-1 研究思路及内在逻辑

基于上述研究思路，具体研究内容如下。

一是导论。提出问题，包括选题背景与意义、研究现状、研究方法与思路等。

二是促进农业转移人口市民化地方政府财政激励的理论分析。①设立研究的理论假定，包括地方政府是促进农业转移人口市民化的责任主体，地方政府财政行为的双重目标，以及地方政府追求辖区最适人口规模等。②探讨市民化进程中地方政府财政激励的内在逻辑，即地方政府在公共服务供给中的"财政收益—财政成本"组合，在此基础上，系统梳理农业转移人口市民化进程中地方政府财政收益与财政成本。③市民化进程中地方政府财政激励的目标与手段。考虑短期与长期视角下地方政府财政收益与财政成本的差异性，分别探讨短期激励视角下和长期激励视角下地方政府财政激励的手段。

三是农业转移人口市民化进程中地方政府财政激励的现状分析。①归纳促进农业转移人口市民化的地方政府财政激励政策，包括地方政府财政收入激励政策，以及公共服务供给保障制度；②选取不同规模典型城市，基于问卷调查和统计数据，量化农业转移人口市民化进程，构建计量模型考察地方政府公共服务供给行为对农业转移人口市民化的影响，进而完成农业转移人口公共服务需求识别。

四是农业转移人口市民化与城镇公共服务供给的交互效应分析。基于第3章对农业转移人口需求识别结果，选取城镇住房保障，验证城镇住房保障供给与农业转移人口市民化的交互效应。结果显示：我国农业转移人口市民化进程确实会对地方政府的住房保障供给产生较大压力，而地区经济发展有利于推动地方政府提供住房保障；另外，农业转移人口住房保障满意度的提升，有利于提升农业转移人口对城市的心理融入度和推进农业转移人口市民化进程。

五是农业转移人口市民化进程中的地方政府财政激励效果测评。测算促进农业转移人口市民化的地方政府公共服务供给成本。以我国249个地市级城市相关数据，测算市民化进程带来的地方财政支出压力，同时侧重考察2016年以来相关激励政策效果。结果显示：一方面，农业转移人口市民化带来地方公共服务供给压力，且上述压力呈现非线性增长态势，伴随市民化带来的人口规模增加，地方政府公共服务供给成本呈上扬趋势。另一方面，2016年以来相关激励政策在一定程度上调动地方政府推进农业转移人口市民化的积极性，但也存在一定的漏出效应，居民获取公共服务水平与户籍人口变动的关系更为敏感。

六是农业转移人口市民化进程中的地方政府财政激励机制构建。围绕市民化进程中的农业转移人口公共服务需求，围绕城镇公共服务供给，提出健全城镇基本公共服务成本分担机制、有序推进城镇公共服务均等化供给、健全城镇公共服务多元化供给。围绕中央与地方成本分担，完善地方财政收入制度，以及户籍制度、土地制度等。

1.5 创新与不足

本书的创新之处在于：

一是系统分析市民化进程中地方政府财政激励理论。本书借鉴综合激励模型，基于若干理论假定探讨市民化进程中地方政府财政激励的本质：通过种种手段，改变市民化进程中地方政府公共服务供给成本与财政收益，继而提升地方政府推进公共服务均等化的财政承受能力，以及为农业转移人口提供均等公共服务的积极性，以推动农业转移人口市民化。因此，市民化进程中地方政府财政激励的着力点在于地方政府"财政收益—财政成本"组合。在系统梳理农业转移人口市民化进程中地方政府财政收益与财政成本的基础上，提出市民化进程中地方政府财政激励的目标与手段。

二是细化农业转移人口市民化的公共服务供给成本测算。现有促进农业转移人口市民化的公共服务供给成本及其分担机制的定量研究较多，本书是对现有研究的拓展与细化。①引入公共服务供给的拥挤效应。现有定量研究大多采用人均成本概念，以公共服务供给成本的截面数据，测算每吸纳一个农业转移人口的地方政府供给成本。然而，人口增加带来拥挤效应，使得公共服务供给往往面临边际成本递增和人均成本上升，现有研究对此考虑不多。本书量化人口增加影响公共服务供给成本的拥挤效应，测算拥挤效应影响下的农业转移人口市民化成本。②以财政支出规模衡量公共服务供给成本。公共服务供给成本测算常以分类计算后加总的方法，计算典型公共服务供给的人均成本，但农业转移人口市民化对地方公共服务供给产生系统性影响，带来一般行政服务、公共安全与公共文化等供给的普遍增加,本书以财政支出规模衡量公共服务供给成本,以期更全面地衡量地方政府公共服务供给成本。

本书的主要不足之处在于:

一是长期激励效果依然有待考察。本书在理论分析中基于长期激励和短期激励视角,系统考察市民化进程中地方政府财政激励的着力点、目标与手段等。在写作过程中,本书尝试运用代际核算方法对市民化进程中地方政府财政激励的长期激励效果进行考察。由于该方法涉及数据众多,本书先后选择北京、上海、杭州等代表性城市尝试进行数据收集与模拟测算,但由于数据可得性以及数据统计口径等问题,均无法得到测算结果,因此这一部分没有在研究报告中体现出来,这也是本书的不足之处,这也将是下一步的努力方向。

二是不同层级政府财政激励效果测评依然有待考察。本书在理论研究中假定地方政府在公共服务供给中承担主体责任,同时现实中我国各级地方政府的财政压力也呈现自上而下逐渐增加的态势,因此选择越低层次的地方政府考察财政激励效果越符合现实,如县级政府,然而考虑到数据限制,本书对地方政府财政激励效果测评主要是以地市级数据为基础完成的。

第2章 促进农业转移人口市民化地方政府财政激励的理论分析

本章主要内容如下：①探讨市民化进程中地方政府财政激励的理论假定；②基于市民化进程中地方政府财政激励的本质，探讨地方政府财政激励的着力点："财政收益—财政成本"组合，在梳理地方政府财政收益与财政成本的基础上，提出进程中地方政府财政激励的目标，并基于短期和长期视角探讨地方政府财政激励的手段。

2.1 市民化进程中地方政府财政激励的理论假定

2.1.1 地方政府是促进农业转移人口市民化的责任主体

农业转移人口市民化是使农业转移人口真正融入城镇生活的一个过程，享有均等化公共服务是农业转移人口市民化的核心内容之一，而地方政府在上述公共服务供给中承担主体责任，这就决定了地方政府是促进农业转移人口市民化的责任主体。

财政分权理论以推动公共服务供给为出发点，探讨供给责任在中央与地方政府间的划分，其中很多研究偏向于地方政府。一类观点认为，以地方政府为主体的供给制度设计，更利于提供满足地方居民偏好的公共服务，哈耶克（Hayek）将其归功于地方政府在搜寻和获取居民偏好方面的信息优势[①]，斯蒂格勒（Stigler）更是以此作为地方政

[①] Hayek, Friedrich A. The Use of Knowledge in Society [J]. *American Economic Review*, 1945(35): 519-530.

府存在的理论依据①；另一类观点则认为，地方政府间的竞争带来供给激励。蒂布特模型中，居民"用脚投票"显示其公共服务偏好，地方政府为争夺具有纳税能力的居民而展开竞争。这种竞争会促使其更有效率的提供公共服务，以吸引居民前来居住，从而带来地方公共服务供给激励。

现实中，多数公共服务也是以受益范围与效益外溢程度为供给主体选择的依据。具体而言，在全国范围内受益的公共服务以中央政府为供给主体，如国防；受益范围仅限某一地区的公共服务则以地方政府为供给主体，如消防服务；受益范围涉及多个地区的公共服务，如跨省的道路等，则由中央和地方政府共同提供，通常为中央政府拨付资金，地方政府承担具体的供给责任。在农业转移人口市民化过程中，需要实现农业转移人口均等化供给的公共服务大多属于受益范围为本地区居民的地方性公共服务，因此提供均等化公共服务，推动农业转移人口市民化，也就成为地方政府的重要职责。

由此可见，无论是理论研究还是结合现实的分析，都偏向于以地方政府为主体的供给制度设计。在农业转移人口均等化过程中，所涉及的多是受益范围为本地居民的地方公共服务，地方政府成为上述公共服务的供给主体，也就成为农业转移人口均等化的责任主体。

2.1.2 市民化进程中地方政府财政行为的双重目标

多级政府的存在，使得中央政府与地方政府的行为目标可能存在差异，这为地方政府行为研究提供了很大空间。现有地方政府行为研究文献众多，研究结论则倾向于两类：作为道德人的地方政府和作为经济人的地方政府。地方政府的不同行为目标，影响地方公共服务供给，对地方政府推进农业转移人口市民化行为的影响不尽相同。

在斯密和凯恩斯关于政府职能的论述中，政府是以道德人身份出现的，它们追求公共利益，以实现社会福利最大化为行动目标。表现为，在不同的经济发展时期，政府提供国防、行政管理等公共服务或者采取

---

① George Stigler. Tenable Range of Functions of Local Government. In *Federal Expenditure Police for Economic Growth and Stability* [M]. Washington D. C.: Joint Economic Committee. Subcommittee on Fiscal Policy, 1957: 213-219.

适当的经济干预行为，保障市场的稳定运转。以此为基础发展而来的公共物品理论主张，公共服务的市场供给显然是无效率的，而政府通过参与公共服务供给，满足居民公共需求，弥补市场失灵，实现社会福利最大化。作为政府系统的构成部分，地方政府以某些优势（如获取信息）参与地方公共服务供给，实现辖区居民的社会福利最大化。现实中，地方政府为推动农业转移人口市民化，提供安全稳定的居住环境、便利的交通通信设施、完善的水电供应系统以及高效的行政咨询服务，满足本地居民公共需求，提升辖区居民社会福利水平，就是道德人身份的一种体现。

然而，公共选择理论以"理性经济人"为基本假定，对政府行为给出不同的解释。在公共选择理论看来，政府作为公共选择的对象，是由各级官员组成的，而后者作为理性经济人，追求自身利益的最大化，如官誉、地位升迁以及权力大小等。上述自身利益的实现又有赖于地方公共服务的供给，因此，地方政府会积极追求财政收入以满足地方公共服务供给需求，这将促使地方政府以追求地方财政收入最大化为目标。[①] 在政绩考核体系的约束下，地方政府将更加偏向于短期的财政收入最大化目标，这将影响地方政府对公共服务的供给偏好。现实中，地方政府受政绩考核体系影响，偏向与生产密切相关的公共服务供给，而忽视与生活相关的公共服务供给，以追求短期财政收入的最大化，正是理性经济人身份的一种体现。

理论与现实的研究均表明，地方政府在推进农业转移人口市民化过程中，追求双重目标：辖区居民的社会福利最大化和政府自身的短期财政收入最大化。在农业转移人口市民化进程中，地方政府往往不得不考虑短期内的财政收入与财政成本问题。

大量关于农业转移人口消费行为的研究也显示，受制于农业转移人口的收入水平、社保参与程度、身份认同感、文化资本等因素[②]，农业转移人口为地方税收收入的贡献相对偏低。同时农业转移人口市民化又

---

① 尼斯坎南于1971年发表《官僚机构与代议制政府》，提出官僚追求总预算规模最大化的理论模型，Miller（1999）对该理论进行了丰富和发展。尽管唐莱威（1991）构建的理论模型提出，尼斯坎南对预算决策的分析过于简单，但大量研究依然证实地方政府具有追逐地方财政收入的动机。

② 谭江蓉、徐茂：《城市融入背景下流动人口消费行为的影响因素——以重庆市为例》，载于《城市问题》2016年第1期，第92~98页。

意味着大量公共服务供给成本的增加，为此，通过适当的手段，干预地方政府财政行为，形成对农业转移人口市民化的地方政府财政激励，成为推进农业转移人口市民化进程的必然选择。

2.1.3 市民化进程中地方政府追求辖区最适人口规模

对于地方政府而言，辖区居民具有两种身份：公共服务消费者和纳税人。理论上，蒂布特模型较早探讨竞争性地方政府对最适辖区人口规模的需求。沿着蒂布特模型的思路，众多学者探讨了辖区人口规模对地方政府的影响。总的来说，辖区人口规模的变动从以下两方面影响地方政府公共服务供给：一方面，人口规模通过改变公共服务消费的非竞争程度，影响地方政府公共服务供给；另一方面，人口规模通过改变纳税人规模，影响地方政府财政收入和公共服务供给。由此可见，过多或者过少的人口规模，都不利于地方政府公共服务供给。地方政府追求辖区最适人口规模。

一方面，人口规模通过改变公共服务消费的非竞争程度，影响地方政府公共服务供给。本质上，消费的竞争与否源自资源的稀缺性，而后者并非一成不变的，往往受到诸多社会因素的影响，人口规模就是其中之一。对于地方政府而言，辖区人口规模的改变，意味着公共服务消费群体规模的变动，而消费群体规模的变动，可能改变资源的稀缺程度和消费的竞争程度。一个典型的案例就是拥挤，拥挤意味着消费的竞争性，即居民对该公共服务的消费受到他人消费的影响，且这种影响必然是负向的。对于地方政府而言，为保证辖区居民原有效用水平，不得不相应改变供给水平。

另一方面，人口规模的改变意味着纳税人规模的改变，从而改变地方政府财政收入和公共服务供给。对于地方政府而言，辖区居民具有"纳税人—消费者"的双重身份，流动的人口同样如此。他们在流入地方政府辖区范围后，既参与对现有公共服务的消费，成为公共品受益群体，也通过纳税参与公共服务成本分担，因此人口流动不仅仅意味着公共品受益群体规模的变动，同时意味着公共服务成本分担群体规模的变动。人口的大量涌入意味着纳税人的增加，也即公共服务成本分担群体的规模增加，从而减轻现有居民的公共品成本分担，有助于地方政府筹集更多的税收进而增加现有公共品供给水平。相反地，人口的大量涌出则可能不利于地方政府筹集更多的税收，以提升现有公共服务供给水平。

2.1.4 地方政府推进农业转移人口市民化的外溢效益

如前所述，农业转移人口市民化是使农业转移人口真正融入城镇生活的一个过程，享有均等化公共服务是农业转移人口市民化的核心内容之一，这意味着地方政府需要为公共服务的均等化供给承担一定的财政成本。农业转移人口在不断融入城镇生活的同时，也为地方政府劳动力供给、地方经济和税收增长作出贡献，这又意味着地方政府从农业转移人口市民化进程中获得一定的财政收益。然而，对于地方政府而言，推进农业转移人口市民化具有一定的效益外溢，这也在一定程度影响地方政府推进农业转移人口市民化的动力。

在宏观层面上，这种效益外溢表现为农业转移人口市民化在推进我国城镇化进程、促进经济健康发展、推动产业结构优化升级中的特殊意义。一方面，规模庞大的农业转移人口已经成为我国城镇劳动力人口不可或缺的重要组成部分，成为我国城镇化、工业化的坚强后盾和有力支撑。他们解决了城镇劳动力结构性短缺问题，为城镇社会经济发展、产业结构优化升级提供丰富的劳动力资源。推进农业转移人口市民化的受益范围不仅仅限于某一地辖区范围，在全国层面上，市民化为推进我国城镇化进程、促进经济健康发展、推动产业结构优化升级作出重要贡献。另一方面，伴随农业转移人口市民化，更多的农村居民在城镇安家落户，伴随收入水平与消费意愿的改变，农业转移人口消费能力必然逐步提高，从长远来看，这将带动整个社会需求水平的提升和促进国民的平稳、快速发展。

在公共服务供给层面上，这种效益外溢表现为地方政府为农业转移人口市民化提供的公共服务往往具有一定的效益外溢。理论上，诸多公共服务，包括基础教育、基础设施、公共卫生与环境保护等，均在某种程度上具有一定的效益外溢，即公共服务受益范围与地方政府辖区规模的非一致性，这在某种程度上会降低地方政府公共服务供给激励。国内诸多学者以不同的公共服务为例探讨公共服务供给中的效益外溢，及其对地方政府公共服务供给的影响，如允春喜等[①]、郑云辰等[②]。

正是由于农业转移人口市民化的效益外溢，农业转移人口市民化的成本也不宜由地方政府全权承担，构建合理的中央与地方成本分担机制成为推进农业转移人口市民化的必然选择。现实中，中央与地方负有共同供给责任的公共服务依然较多，如教育、养老与医疗保险、就业、公共卫生等，为推动农业转移人口市民化，应进一步明晰中央与地方的公共服务供给责任。理论上，应按照公共服务受益范围原则，合理划分中央与地方公共服务供给责任。对于基础教育、养老与医疗保险等公共服务，具有一定的外溢效应，可以适当强化中央政府供给责任；对于城镇基础设施等公共服务，外溢效应相对较弱，应由各级地方政府根据受益范围明确供给责任。

2.2 市民化进程中地方政府财政激励的内在逻辑

2.2.1 市民化进程中地方政府财政激励的着力点

基于1.2部分的概念界定，推进农业转移人口市民化的地方政府财政激励，着力于探讨如何以财税手段激励地方政府推进农业转移人口市民化进程，也即借助政府间转移支付、税收等财政手段，影响地方政府努力程度，以激励地方政府实现农业转移人口市民化为目标。在农业转移人口市民化进程中，地方政府是推进本地农业转移人口市民化的责任主体，能否为农业转移人口提供均等的公共服务，对推进农业转移人口市民化进程至关重要。

借鉴综合激励模型，地方政府能否为农业转移人口提供均等的公共服务，以推进市民化进程，往往取决于如下两方面因素：一是地方政府财政承受能力的大小。对于地方政府而言，市民化意味着地方政府在社会保障、住房、教育与市政公共设施等基本公共服务供给的投入必须加大，由此带来推进农业转移人口市民化的成本问题。按照吴波的梳理，

---

① 允春喜、上官仕青：《公共服务供给中的地方政府合作——以山东半岛城市群为例》，载于《东北大学学报》（社会科学版）2013年第5期，第489~494页。

② 郑云辰、葛颜祥、接玉梅等：《流域多元化生态补偿分析框架：补偿主体视角》，载于《中国人口·资源与环境》2019年第7期，第131~139页。

第2章 促进农业转移人口市民化地方政府财政激励的理论分析

农业转移人口市民化的人均成本在 5 万~10 万元区间的省份相对较多，而北京、上海等特大城市市民化的人均成本则达到 30 万元以上。① 这意味着，在推进农业转移人口市民化过程中，各级地方政府需要为农业转移人口承担大量的公共服务供给成本。二是地方政府为农业转移人口提供均等公共服务的积极性。理论上，地方政府对农业转移人口提供均等化公共服务的积极性，取决于地方政府从市民化进程中获取的财政收益，以及它对市民化的理解与认识程度。理论上，农业转移人口为城镇经济发展提供必备的劳动力资源，成为城镇经济发展和财政收入增长的关键因素。在不断融入城镇生活的过程中，农业转移人口参与城镇生活消费与企业生产，为税收收入的增长作出直接贡献。同时，吸纳农业转移人口参与社会保险，扩展社保基金收入来源，也有助于减轻地方政府财政补贴压力。这都为地方政府带来了农业转移人口市民化的财政收益。

由此可见，市民化进程中地方政府财政激励在本质上是通过种种手段，改变市民化进程中地方政府公共服务供给成本与财政收益，继而提升地方政府推进公共服务均等化的财政承受能力，以及为农业转移人口提供均等公共服务的积极性，以推动农业转移人口市民化。这也意味着，市民化进程中地方政府财政激励的着力点应该是地方政府的"财政收益—财政成本"组合，如图 2-1 所示。

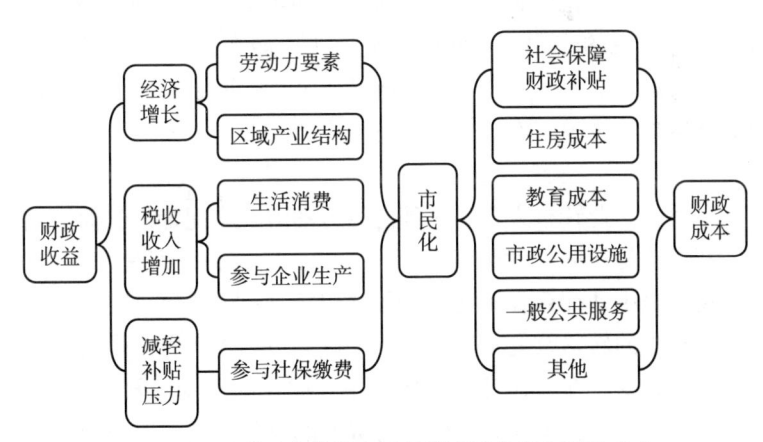

图 2-1 地方政府推进市民化的财政收益与财政成本

---

① 吴波：《农业转移人口市民化成本研究综述：分省测度》，载于《山东财经大学学报》2018 年第 1 期，第 113~120 页。

2.2.2 地方政府推进农业转移人口市民化的财政收益

伴随城镇化进程，农业人口逐步向城镇转移，进而形成规模庞大的农业转移人口。他们为城镇经济发展提供了必备的劳动力资源，成为推动技术进步和经济增长的重要动力，也为地方政府财政收入的增长提供可靠保障。理论上，一方面，农业转移人口作为劳动力要素，为促进地区经济增长发挥重要作用，而地区经济增长必然在一定程度上推动地方政府财政收入的增加。另一方面，农业转移人口作为消费者、纳税人，通过自身的消费行为、收入水平，直接为地方政府贡献税收收入，影响地方政府财政收入水平。这也就构成地方政府推进农业转移人口市民化的财政收益。

1. 农业转移人口带动城镇经济增长和财政收入增长

农业转移人口推动城镇经济增长，有利于地方财政收入的提高。按照内生经济增长理论，劳动力是促进地区经济增长的重要因素。人口数量、人口素质和人口结构等都在一定程度上影响着经济增长。改革开放后，我国劳动力自由流动的动力被逐步激活，促使大量的劳动力资源在省际、城乡间流动，形成规模庞大的农业转移人口。农业转移人口的存在是劳动力资源优化配置的结果，对流入地经济社会发展和城市经济增长有着不可忽视的作用。蔡昉的研究认为，城乡间劳动力转移对 GDP 增长率的贡献达21%。[①] 之后的大量实证研究验证了农业转移人口对流入地经济增长的贡献。农业转移人口至少通过两个方面对经济增长产生影响。

一方面，农业转移人口影响部门间劳动力要素配置，进而影响经济增长。基于刘易斯的二元经济模型，大多数国家，特别是发展中国家，在工业化进程中往往存在资源倾斜配置状态，进而增大经济二元强度，而劳动力资源的转移改变不同部门、产业的边际生产力，推动二元经济向一元经济转变。在上述劳动力转移中，城乡间劳动力转移最为常见。农业转移人口的存在本身就是劳动力资源的重新优化配置以及消费群体的空间重构，这必将对整体的经济增长产生影响。大量实证研究均验证

---

① 蔡昉：《拆除劳动力流动的制度障碍》，载于《中国人口科学》1999年第4期，第50~51页。

农业转移人口对经济增长的推动作用。[①] 杨胜利等的实证研究则表明，农业转移人口对经济增长率的贡献率已超过本地居民。[②] 王青等的研究表明，农村劳动力转移对经济增长的平均贡献率达 14.7%。[③]

另一方面，农业转移人口影响区域产业结构，进而影响经济增长。理论上，城乡劳动力转移不仅带来劳动力资源的优化配置，而且会带来劳动力资源向某些行业集中，如制造业，从而带来该行业发展的区位优势，进而推动该地区经济发展。敖荣军[④]、姚林如等[⑤]的实证研究均表明，农业转移人口流入东部地区，推动制造业向东部地区集聚，带动东部地区经济快速发展。

由此可见，农业转移人口通过影响部门间劳动力要素配置、区域产业结构，推动地方经济发展。经济发展为地方政府财政收入的增长奠定了基础，刘德军等[⑥]、黄浩[⑦]以全国或广东、山东等省为研究对象的实证分析均验证了经济发展与财政收入之间的正相关关系。

2. 农业转移人口通过消费行为和参与企业生产贡献税收收入

农业转移人口不仅作为劳动力资源为流入地经济发展作出贡献，作为一种长期化、家庭化的劳动力转移，农业转移人口不断融入流入地的工作、生活，尽管大量研究显示农业转移人口收入相对偏低，因此个人所得税税收收入贡献相对较少，但农业转移人口也通过其他途径为流入

---

① 王桂新、魏星、沈建法：《中国省际人口迁移对区域经济发展作用关系之研究》，载于《复旦学报》（社会科学版）2005 年第 3 期，第 148~161 页。杜小敏、陈建宝：《人口迁移与流动对我国各地区经济影响的实证分析》，载于《人口研究》2010 年第 3 期，第 77~88 页。逯进、周惠民：《中国省域人口迁移的经济增长效应——基于内生增长视角的实证分析》，载于《人口与发展》2013 年第 5 期，第 57~67 页。

② 杨胜利、高向东：《外来从业人口对流入地经济发展的影响研究——以上海市为例》，载于《经济体制改革》2012 年第 6 期，第 66~69 页。

③ 王青、焦青霞：《农村人口流动对区域经济发展贡献实证分析——以河南省为例》，载于《湖北农业科学》2014 年第 5 期，第 5033~5037 页。

④ 敖荣军：《制造业集中、劳动力流动与中部地区的边缘化》，载于《南开经济研究》2005 年第 1 期，第 61~66 页。

⑤ 姚林如、李莉：《劳动力转移、产业集聚与地区差距》，载于《财经研究》2006 年第 8 期，第 135~143 页。

⑥ 刘德军、张靖会、樊丽群：《促进区域协调发展的财税政策研究——以山东省为例》，载于《财政研究》2015 年第 3 期，第 21~25 页。

⑦ 黄浩：《中国财政收入和经济增长关系的实证研究》，载于《统计与决策》2016 年第 7 期，第 135~137 页。

地税收入作出直接贡献。具体而言：

一方面，农业转移人口融入城镇生活后的消费行为带来税收入贡献。改革开放后，大量农村剩余劳动力进入城市，人口从第一产业向第二、第三产业，从低收入向高收入岗位转移，在一定程度上带来农业转移人口收入的提升，以及消费潜力的提升。① 近年来，伴随社会保障制度、户籍制度和劳动力市场制度的不断完善，农业转移人口在流入地长期居住意愿也不断提升。根据流动人口动态监测数据，2017年五大城市群流动人口表示"愿意长期居留"占比均达80%以上。② 居住意愿也在一定程度上促成农业转移人口消费水平的提升。③ 尽管如此，大量关于农业转移人口消费行为的研究也显示，由于收入水平、社保参与程度、身份认同感、文化资本等因素的影响④，农业转移人口消费水平普遍低于城镇居民，因此其通过商品税为地方税收入的贡献相对偏小。甘行琼等的研究显示，农业转移人口的增加将会导致流入地人均税收收入的下降。⑤

另一方面，农业转移人口参与企业生产带来税收收入贡献。我国地方政府税收收入的主要来源是以增值税为代表的间接税，因此地方政府税收收入与商品的生产、流通等密切相关，这促使地方政府关注企业投资行为、企业利润。事实上，农业转移人口作为劳动力资源，参与企业的生产活动，为企业利润的实现提供必要的劳动力支撑。尽管如此，由于农业转移人口作为劳动力资源的贡献更为间接，可能使得地方政府更为关注企业的行为，而忽视农业转移人口为企业盈利和地方税收收入作出的贡献。

3. 农业转移人口参与社会保障，减轻基金的财政补贴压力

伴随人口老龄化进程的不断加快，以及各地社保待遇水平的不断

---

① 宋晶晶：《流动人口消费情况分析》，载于《辽宁经济统计》2013年第11期，第15~17页。

② 五大城市群分别是珠三角城市群、长三角城市群、京津冀城市群、长江中游城市群和成渝城市群。

③ 周明海、金樟峰：《长期居住意愿对流动人口消费行为的影响》，载于《中国人口科学》2017年第5期，第112~121、130页。

④ 袁超、张东：《文化资本与空间分化：城中村流动人口消费空间隔离的再生产》，载于《湖湘论坛》2019年第5期。

⑤ 甘行琼、刘大帅、胡朋飞：《流动人口公共服务供给中的地方政府财政激励实证研究》，载于《财贸经济》2015年第10期，第88~96页。

提升，加之近年来减税降费政策的影响，我国城镇职工社会保险基金面临的收支压力在不断增大。国家统计局数据显示，2024年末我国65岁及以上人口2.2万亿，占比达到15.6%，60岁以上人口达3.1亿，占总人口的22.3%，而同期劳动力人口（16~59岁）降至8.58亿。[①] 退休人员增加、劳动年龄人口减少，持续加大社会保险基金的收支压力。尽管我国政府先后采取加大财政补贴力度、延迟退休等一系列措施，但鉴于长期以来社会保险基金投资收入偏低，国有资产划拨尚未完善等，我国城镇职工社会保险基金面临的收支压力并未得到有效缓解。

对于农业转移人口而言，参与城镇社会保障并享受相关待遇，是影响市民化意愿的重要因素。大量研究证实城镇社会保障参与度在提升农业市民化意愿中的重要作用。然而，大龄的农业转移人口并没有参与到城镇社会保险制度中来。从年龄结构来看，农业转移人口中青壮年占比较高，但是由于种种因素，他们即使具有缴费能力也没有参与到城镇社会保险制度中，或只是有选择性地参加医疗保险、工伤保险等却没有参加养老保险。如果能够吸纳农业转移人口参与城镇社会保险，不仅可以扩展城镇社会保险基金的收入来源，减轻基金收支压力和财政补贴压力，而且能够有效推动农业转移人口市民化进程。

综上，尽管农业转移人口收入相对偏低，通过个人所得税贡献的税收收入相对较少，但农业转移人口在不断融入城镇生活的过程中，参与城镇消费，为流入地消费的增长作出贡献，进而为流入地税收收入作出直接贡献，然而，受种种因素制约，相对城镇居民，农业转移人口通过上述途径为流入地税收收入作出的贡献普遍偏小；另外，农业转移人口通过参与企业生产，提升企业盈利水平，也为地方政府贡献税收收入，但由于农业转移人口作为劳动力资源的贡献更为间接，也可能使得地方政府更为关注企业的行为及其对财政收入的贡献；与此同时，吸纳农业转移人口参与社会保险，扩展社保基金收入来源，减轻基金收支压力，不仅有助于提升农业转移人口市民化意愿，而且有助于减轻地方政府财政补贴压力。

---

① 数据源自《中华人民共和国2024年国民经济和社会发展统计公报》，国家统计局网站，https：//www.stats.gov.cn/sj/zxfb/202502/t20250228_1958817.html，2025年2月28日。

2.2.3 地方政府推进农业转移人口市民化的财政成本

农业转移人口市民化包含农业转移人口职业身份与社会身份的转变，是农业转移人口真正融入城镇生活的过程。在主观层面，市民化意味着农业转移人口在就业环境、生活方式、价值理念等方面的转变，而这些转变需要城镇社会保障、教育与公共卫生等一系列公共服务的保障，以及上述公共服务在城镇居民与农业转移人口间的均等化供给，而这必然需要地方政府为均等化提供必要的财政成本。因此，地方政府推进农业转移人口市民化的财政成本主要体现为公共服务供给成本。近年来，大量研究探讨农业转移人口市民化的公共服务供给成本。多数学者认同，农业转移人口市民化成本，需要农业转移人口、所在企业和政府三方承担。其中，农业转移人口需要自己承担一部分社保缴费、住房和教育成本，企业则承担一部分社保缴费、职业技能培训等成本。对于地方政府而言，为农业转移人口提供的基本公共服务主要涉及如下几类。

一是社会保障类。包括养老保险、医疗保险和最低生活保障在内的社会保障制度。长期以来，社会保障存在的多元化、碎片化等问题，在一定程度上制约农业转移人口市民化进程，而大量的研究表明，社会保障是推动农业转移人口市民化的关键要素。[1] 如果吸纳农业转移人口进入现行城镇社会保障制度，地方政府将由此承担一定的财政成本。养老保险方面，由于新参保人员不会马上支取养老金，因此短期内不仅不会带来太大的财政成本，反而会扩展基金收入来源，但长期来看领取养老金人数的增加有可能会加大地方政府财政补贴压力。医疗保险方面，无论是城镇职工基本医疗保险还是城镇居民医疗保险，均享有地方政府财政补贴。如果吸纳农业转移人口，必然会增加一部分财政成本。此外，吸纳农业转移人口参加医疗补助和最低生活保障等，也同样带来财政成本的增加。

二是住房成本。按照马斯洛的需求层次理论，衣食住行作为居民最低层次的需求，直接关系到居民基本生活。然而，受收入水平、工

---

[1] 张文武、欧习、徐嘉婕：《城市规模、社会保障与农业转移人口市民化意愿》，载于《农业经济问题》2018年第9期，第128～140页。

作稳定性等的影响,农业转移人口的住房保障条件相对较低,而保障农业住房需求也就成为推动农业转移人口市民化的关键环节。同时,多数研究认同,多数农业转移人口由于收入水平限制很难承受较高的房价。[①] 因此,加大保障性住房建设,满足农业转移人口住房需求,成为地方政府较为现实的选择,而保障性住房建设同样需要财政资金的投入。

三是教育成本。教育成本包括农业转移人口自身的教育培训成本与随迁子女的教育成本。对于农业转移人口而言,城镇工作面临更多的挑战和机遇,迫使其不断提升自身技能,由此产生对参与教育培训的需求。此外,伴随农业转移人口长期化、家庭化趋势的日益明显[②],更多的随迁子女进入城镇,希望享有更好的教育资源。所有这些都需要地方政府为此提供相应的受教育机会、教学设备和设施等,带来财政资金需求。

四是市政公用设施、一般公共服务、公共卫生等其他支出。农业转移人口市民化意味着更多的消费者参与城镇道路、水电、公共交通等市政公用设施的消费,而上述公共服务大多具有消费的竞争性,即伴随消费者人数的增加,拥挤问题随之而来,影响居民享有公共服务的效用水平,这也就迫使政府增加市政公用设施的投入,带来财政成本。此外,城镇人口增加还伴随婚姻、生育、就业、司法等若干行政事务的增加,带来地方政府一般公共服务支出的增加。

2.3 市民化进程中地方政府财政激励的目标与手段

2.3.1 市民化进程中地方政府财政激励的目标

基于2.2.1的分析,市民化进程中地方政府财政激励是通过种种手

---

① 张彰、郑艳茜、庄勇杰:《农业转移人口市民化财政成本的分类评估及核算》,载于《西北人口》2018年第1期,第15~22、31页。

② 数据源自《中国流动人口发展报告2017》。

段，改变市民化进程中地方政府公共服务供给成本与财政收益，继而提升地方政府推进公共服务均等化的财政承受能力，以及为农业转移人口提供均等公共服务的积极性，以推动农业转移人口市民化。因此，市民化进程中地方政府财政激励的着力点应该是地方政府的"财政收益—财政成本"组合。理论上，地方政府推进市民化的财政收益与财政成本并非一成不变的，它往往受若干经济社会因素的影响。

经济因素，包括经济发展、居民收入提高等，直接影响地方政府推进市民化的财政收益与成本。基于需求理论，居民收入是影响需求的重要因素。从凯恩斯的消费需求理论、杜森贝利的相对收入消费理论、莫迪利安尼的生命周期消费理论到弗里德曼的永久收入消费理论，大多关注收入与需求的关系。一般地，伴随经济发展和居民收入增加，居民消费需求也有所提升，包括一般消费品和公共服务的需求，夏显力等[1]、王桂新等[2]、梅建明等[3]以农业转移人口市民化意愿及其影响因素为对象的实证研究均验证了迁入地经济发展水平、农业转移人口收入或生活水平对市民化意愿的正向影响。同时，伴随农业转移人口对流入地公共服务需求的提升，地方政府推进农业转移人口市民化的财政成本也必然有所提升。

社会因素，包括受教育程度、举家迁移等，也将影响地方政府推进市民化的财政收益与成本。按照人力资本理论，农业转移人口的受教育程度作为人力资本投资，有助于其收入水平的提升，而收入水平的提升又进一步影响农业转移人口的市民化意愿，进而带来地方政府推进农业转移人口市民化的成本提升。除受教育程度外，举家迁移也将影响农业转移人口的市民化意愿。张龙[4]、杨萍萍[5]等的研究均证实举家迁移对

---

[1] 夏显力、张华：《新生代农民工市民化意愿及其影响因素分析——以西北3省30个村的339位新生代农民工为例》，载于《西北人口》2011年第2期，第43~46、51页。

[2] 王桂新、胡健：《城市农民工社会保障与市民化意愿》，载于《人口学刊》2015年第6期，第45~55页。

[3] 梅建明、袁玉洁：《农民工市民化意愿及其影响因素的实证分析——基于全国31个省、直辖市和自治区的3375份农民工调研数据》，载于《江西财经大学学报》2016年第1期，第68~77页。

[4] 张龙：《农民工市民化意愿的影响因素研究》，载于《调研世界》2014年第9期，第40~43页。

[5] 杨萍萍：《农民工市民化意愿的影响因素实证研究》，载于《经营与管理》2012年第7期，第71~74页。

农业转移人口市民化意愿的显著正向影响。

除受教育程度和举家迁移等社会因素外,人口规模也是改变地方政府"财政收益—公共服务供给成本"组合的重要因素。事实上,农业转移人口市民化意味着城镇公共服务受益群体规模的增加,其本质依然是城镇人口规模变动,而理论上,人口规模变动将会从以下两方面影响地方政府的"财政收益—公共服务供给成本"组合。具体而言:

一方面,人口规模变动意味着公共服务受益群体规模的变动。对于地方政府而言,辖区居民具有"纳税人—公共服务消费者"的双重身份,农业转移人口进入城镇生活后,成为公共服务受益群体。这可能在一定程度上加剧消费的竞争程度,迫使地方政府增加公共服务供给成本,以保证居民原有效用水平。

另一方面,农业转移人口以纳税人身份参与公共服务成本分担,因此人口规模变动也同时意味着公共服务成本分担群体规模的变动。人口的大量涌入意味着纳税人的增加,也即公共服务成本分担群体的规模增加,从而减轻现有居民的公共服务成本分担,有助于地方政府筹集更多的税收以提升现有公共品供给水平。相反地,人口的大量涌出则可能不利于地方政府筹集更多的税收以提升现有公共品供给水平。由此可见,农业转移人口市民化带来的人口规模变动对地方政府公共服务供给的影响在理论上并非完全是积极或者消极的。人口流入对地方政府公共品供给的影响是积极的还是消极的,在很大程度上取决于流入的人口更多的是以消费者身份存在还是以纳税人身份存在。

值得注意的是,伴随市民化进程中人口规模的增加,地方政府"财政收益—财政成本"并不一定呈现线性增长关系。按照公共品理论,社区成员享有的公共服务数量受政府供给水平和人口拥挤函数的影响。从布坎南的常弹性拥挤函数 $g(N) = N^{\gamma}$,到克莱格(Craig,1987)的递增弹性拥挤函数 $g(N) = N^{\gamma_0} e^{\gamma_1 N}$,以及爱德华(Edward,1990)的灵活指数拥挤函数 $g(N) = N^{\gamma_0} e^{\gamma_1 N + \gamma_2 N^2 + \gamma_3 N^3}$,在一定的供给水平下,人口规模 N 对社会成员享有公共服务数量的影响并非呈现线性增长关系,这同样意味着,为保证社会成员对公共服务的享有数量,政府的公共服务供给成本伴随人口的增加也不一定呈现线性关系。① 解垩②、管新帅等③以及李建军等④等量化人口规模影响公共服务供给的相关研究均从不同侧面证实了这一观点。

人口因素对市民化进程中财政收益与成本的影响如图 2-2 所示。

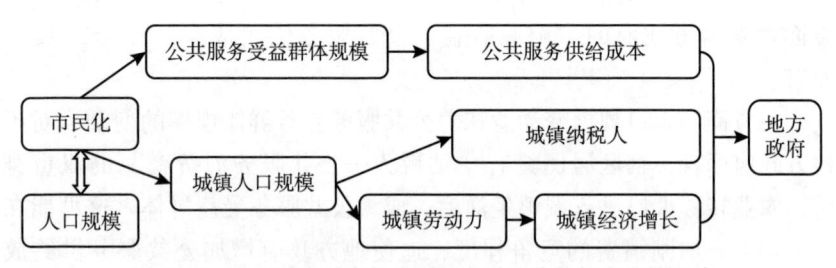

图 2-2 人口因素对市民化进程中财政收益与成本的影响

结合上述分析，市民化进程中地方政府财政激励本质上是通过种种手段，改变市民化进程中地方政府公共服务供给成本与财政收益，继而提升地方政府推进公共服务均等化的财政承受能力，以及为农业转移人口提供均等公共服务的积极性，以推动农业转移人口市民化。市民化进程中地方政府财政激励的着力点应该是地方政府的"财政收益—公共服务供给成本"组合。同时，考虑到地方政府推进市民化的财政收益与公共服务供给成本往往受若干经济社会因素的影响，特别是人口规模因素，因此市民化进程中地方政府财政激励的目标应为吸纳最后一个农业转移人口的地方政府财政收益等于公共服务供给的财政成本。

---

① 布坎南的常弹性拥挤函数 $g(N)=N^{\gamma}$ 中 γ 为拥挤系数，也即反映人口规模弹性的常量。克莱格（1987）的递增弹性拥挤函数 $g(N)=N^{\gamma_0}e^{\gamma_1 N}$ 中，γ_0 和 γ_1 均是反映人口规模弹性的常量，N 为人口规模，e 为自然常数，爱德华（1990）的灵活指数拥挤函数 $g(N)=N^{\gamma_0}e^{\gamma_1 N+\gamma_2 N^2+\gamma_3 N^3}$ 中，γ_0、γ_1、γ_2、γ_3 均是反映人口规模弹性的常量，N 为人口规模，e 为自然常数。

② 解垩：《政府效率的空间溢出效应研究》，载于《财经研究》2007 年第 6 期，第 101~110 页。

③ 管新帅、王思文：《中国地方公共品供给效率地区差异测度》，载于《兰州大学学报》（社会科学版）2009 年第 4 期，第 43~47 页。

④ 李建军、王德祥：《人口地理与公共品供给效率——以四川省 135 个县（市）为例》，载于《人口学刊》2011 年第 6 期，第 3~10 页。

2.3.2 时间层面上的地方政府财政收益与成本

对于地方政府而言，推进农业转移人口市民化的"财政收益—财政成本"大多并非一次性的，而且伴随时间的推移，财政收益与财政成本也并非一成不变的。

1. 时间层面上的地方政府财政收益

短期内，由于收入水平有限，农业转移人口通过所得税对地方税收收入的贡献相比偏小。[①] 除收入水平外，受生活习惯、社保参与度等因素的影响，农业转移人口的消费水平普遍低于城镇居民，因此其通过商品税对地方税收收入的贡献相对偏小。因此短期内农业转移人口的税收贡献相对偏小，尚不能构成地方政府财政收益的主要来源。短期内，地方政府财政收益的主要来源主要是以下两方面：一是社会保障。农业转移人口市民化意味着吸纳更多的农业转移人口进入城镇社会保障体系。对于养老保险而言，新参保人员的加入意味着短期内缴费人数的扩大，这必然有利于扩展基金收入来源渠道，对于减轻地方政府养老基金补贴压力、实现社会成员风险共担具有积极意义，这也就构成短期内地方政府财政收益的来源之一。二是政府间转移支付。除税收贡献和社会保障之外，中央政府还通过与市民化挂钩的转移支付制度，增加地方政府财政收益。

长期来看，随着时间的推移，伴随农业转移人口收入的增加，及其对城镇生活融入程度的不断提升，农业转移人口的消费水平在不断提升，消费理念发生转变，其对所得税和商品税的税收贡献也会随之提升。除税收贡献外，社会保障方面的地方政府财政收益将趋于正常水平。伴随越来越多农业转移人口逐渐进入退休期领取养老金，地方政府养老基金的收支压力又进入正常水平，农业转移人口市民化的这一积极意义也将不再明显，甚至可能由于领取养老金人数增加反而加大地方政府财政补贴压力。

2. 时间层面上的地方政府财政成本

基于文献梳理，现有文献普遍认为农业转移人口市民化带给城镇公

[①] 甘行琼、刘大帅、胡朋飞：《流动人口公共服务供给中的地方政府财政激励实证研究》，载于《财贸经济》2015年第10期，第88~96页。

共服务受益群体的增加，进而引发随迁子女教育成本、医疗和养老保险、保障性住房以及城镇基础设施建设等公共服务供给成本的增加。由于测算口径和样本城市选取的不同，推动农业转移人口市民化的公共服务供给成本从5000千元/人到30万元/人不等，这在一定程度上加大了地方政府财政压力。然而，从时间层面上看，地方政府公共服务供给成本也并非一成不变。在上述公共服务中，有些公共服务的供给更多的是在短期内给地方政府形成供给压力，有些公共服务的供给成本则可能会持续存在，因此有必要对此加以区别对待。

为此，本书在时间层面上将市民化进程中涉及的公共服务分为两类：Ⅰ类公共服务和Ⅱ类公共服务。

Ⅰ类公共服务是住房保障、城镇基础设施建设等公共服务，这类公共服务的供给成本具有如下特征：在短期内吸纳农业转移人口的一次性成本相对较高，但后续成本大幅降低，甚至为零。以住房保障为例，市民化的住房保障成本主要来自城镇吸纳农业转移人口时建造住房的成本。基于需求层次理论，住房需求属于关乎衣食住行的基本需求，是最低层次的需求。文献梳理发现，学者普遍认同农业转移人口受收入水平限制，对城镇市场化商品住房的承担能力有限，因此，通过保障性住房建设，满足农业转移人口住房需求，成为推进农业转移人口市民化的重要手段。其中，保障性住房建设成本大多只是吸纳农业转移人口的初期一次性支出，后续针对该住房的建设成本将会大幅减少。

Ⅱ类公共服务是随迁子女教育、养老和医疗保险、城镇一般公共服务等成本。这类公共服务的供给成本具有如下特征：在吸纳农业转移人口市民化后的若干年里，其公共服务供给成本支出将会较稳定的存在，具有一定的长期性。以随迁子女教育为例，市民化随迁子女教育带来公共财政教育事业经费的变动，这一成本在随迁子女入学教育期间将一直存在且不会出现太大波动，具有一定的长期性。

时间因素对市民化进程中公共服务供给成本的影响如图2-3所示。

值得注意的是，无论Ⅰ类公共服务还是Ⅱ类公共服务，其公共服务供给成本的波动都是在时间层面上考察的，而伴随人口规模的增加，Ⅰ类公共服务和Ⅱ类公共服务的供给成本都可能随之产生波动，详见2.3.1部分的描述。

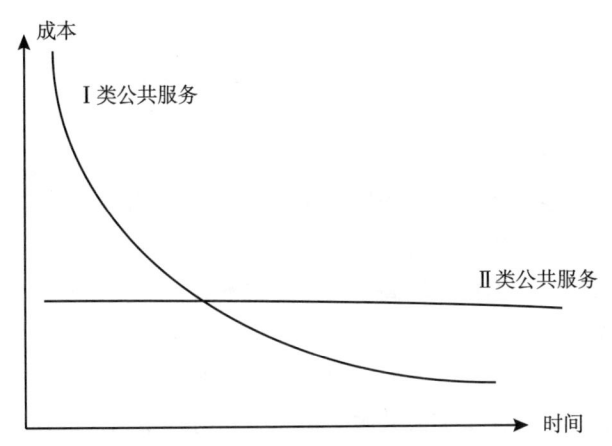

图 2-3　时间因素对市民化进程中公共服务供给成本的影响

综上所述，市民化进程中地方政府财政激励本质上是通过种种手段，改变市民化进程中地方政府公共服务供给成本与财政收益，继而提升地方政府推进公共服务均等化的财政承受能力，以及为农业转移人口提供均等公共服务的积极性，以推动农业转移人口市民化。市民化进程中地方政府财政激励的目标是吸纳最后一个农业转移人口的地方政府财政收益等于公共服务供给的财政成本。在时间层面上，地方政府推进市民化的财政收益与公共服务供给成本并非一成不变，这也就决定了不同时期内，市民化进程中地方政府财政激励的手段和方式也将存在一定的差别。

2.3.3　市民化进程中地方政府财政激励的手段

如前所述，市民化进程中地方政府财政激励的目标是：吸纳最后一个农业转移人口的地方政府财政收益等于公共服务供给的财政成本，因此市民化进程中地方政府财政激励手段的选取也应围绕地方政府的财政收益、地方公共服务供给成本两个方面。同时，考虑到时间层面上，地方政府推进市民化的财政收益与公共服务供给成本并非一成不变，因此有必要分别考察市民化进程中地方政府财政激励的短期激励手段和长期激励手段。

1. 短期激励手段：增加地方政府财政收益和减少地方政府财政成本

基于 2.3.2 部分的分析，地方政府推进农业转移人口市民化的财政收益主要来自税收贡献、社会保障和政府间转移支付，而短期内，考虑到农业转移人口收入水平和消费能力等因素，农业转移人口税收贡献普遍偏低。公共服务供给成本方面，短期内Ⅰ类公共服务的供给成本相对较高，这会给地方政府带来较大的财政压力。基于地方政府财政激励的目标，短期内地方政府财政激励的手段应围绕以下两个方面选取。

一是Ⅰ类公共服务供给的政府间成本分担。对于Ⅰ类公共服务而言，其短期供给成本相对较高，而后续成本大幅降低，甚至为零。在以地方政府为供给主体的制度设计中，这将在短期内给地方政府带来较大的财政压力。为减轻地方政府财政压力，应通过中央与地方成本分担方式，形成地方政府在Ⅰ类公共服务供给中的财政激励，促使其提供公共服务，推进农业转移人口市民化进程。

二是与市民化挂钩的政府间转移支付。如前所述，在短期内，受制于收入水平、消费习惯等因素，农业转移人口的税收贡献偏低，因此短期内通过政府间转移支付手段，提升市民化进程中地方政府财政收益，形成地方政府推进农业转移人口市民化的财政激励，成为推进农业转移人口市民化的必然选择。

2. 长期激励手段：提升农业转移人口在城镇生活的融入度

基于2.3.2部分的分析，地方政府推进农业转移人口市民化的财政收益主要来自税收贡献、社会保障和政府间转移支付。公共服务供给成本方面，Ⅰ类公共服务的供给成本虽然降低，但Ⅱ类公共服务的供给成本始终存在。基于地方政府财政激励的目标，长期内地方政府财政激励的手段应围绕以下两个方面选取。

一是财政收益方面。如前所述，在短期内，受制于收入水平、消费习惯等因素，农业转移人口的税收贡献偏低，短期内通过政府间转移支付手段有利于提升市民化进程中地方政府财政收益。长期来看，农业转移人口市民化是农业转移人口身份转变的一个过程，包含职业身份和社会身份的转变，它以农业转移人口真正融入城镇生活为最终目标。这也就决定了长期内需要通过提升农业转移人口收入水平，帮助农业转移人口市民化实现角色转换，使其摆脱之前的行为模式和心理特点，而发展成与城镇居民相似的行为模式和心理特点，调整状态进入新的角色。只有这样，才能不断提升农业转移人口税收贡献，保障地方政府在市民化进程中的财政收益。为此，应着力提升农业转移人口就业技能培训、养老与医疗保险等公共服务的享有水平，促使农业转移人口尽快融入城镇生活。

二是Ⅱ类公共服务供给的政府间成本分担。长期来看，Ⅰ类公共服务供给的成本大幅降低，甚至为零，但Ⅱ类公共服务的供给成本则会在吸纳农业转移人口市民化后的若干年份里长期、较稳定的存在。为减轻地方政府财政压力，也应通过中央与地方成本分担方式，形成地方政府在Ⅰ类公共服务供给中的财政激励，促使其提供公共服务，推进农业转移人口市民化进程。

2.4 本章小结

本章是农业转移人口市民化进程中地方政府财政激励的理论分析部分。主要内容及研究结论有以下三个方面。

一是市民化进程中地方政府财政激励的理论假定。农业转移人口市民化是使农业转移人口真正融入城镇生活的一个过程，享有均等化公共服务是农业转移人口市民化的核心内容之一，这就决定了地方政府是促进农业转移人口市民化的责任主体；地方政府在推进农业转移人口市民化过程中追求辖区居民的社会福利最大化和财政收入最大化。地方政府对上述两个目标的权衡，影响地方政府公共服务供给行为，进而改变农业转移人口市民化进程。对于地方政府而言，辖区居民具有两种身份：公共服务消费者和纳税人，过多或者过少的人口规模，都不利于地方政府公共服务供给。地方政府追求最适辖区人口规模。地方政府推进农业转移人口市民化过程中存在一定的外溢效益，因此有必要构建合理的中央与地方成本分担机制。

二是市民化进程中地方政府财政激励的内在逻辑。市民化进程中地方政府财政激励在本质上是通过种种手段，改变市民化进程中地方政府公共服务供给成本与财政收益，继而提升地方政府推进公共服务均等化的财政承受能力，以及为农业转移人口提供均等公共服务的积极性，以推动农业转移人口市民化。这也同时意味着，市民化进程中地方政府财政激励的着力点应该是地方政府的"财政收益—财政成本"组合。地方政府的财政收益体现在三个方面：农业转移人口作为劳动力要素，促进地区经济增长，推动地方政府财政收入的增加；农业转移人口作为消费者、纳税人，通过自身的消费行为、收入水平，直接为地方政府贡献税收收入；农业转移人口参与社会保障，减轻基金的财政补贴压力。地方政府的财政成本则主要体现为社会保障、住房、教育、市政公共设施等公共服务的供给成本。

三是市民化进程中地方政府财政激励的目标与手段。理论上，地方政府推进市民化的财政收益与财政成本并非一成不变，它往往受若干经济社会因素的影响，包括人口因素和时间因素。伴随市民化进程中农业转移人口规模的增加，地方政府"财政收益—财政成本"组合并非呈现线性增长关系，而伴随时间的推移，地方政府"财政收益—财政成本"组合也并非一成不变。因此市民化进程中地方政府财政激励的目标是：吸纳最后一个农业转移人口的地方政府财政收益等于公共服务供给的边际成本。为激励地方政府推进农业转移人口市民化进程，短期内，应通过转移支付、成本共担增加地方政府财政收益和减少地方政府财政成本；长期内，则通过提升住房保障与社会保障供给水平、增加农业转移人口劳动技能培训提升农业转移人口在城镇生活的融入度。

第 3 章 农业转移人口市民化进程中地方政府财政激励的现状分析

本章主要内容如下：①结合不同省份的做法，归纳梳理当前我国促进农业转移人口市民化的地方政府财政激励机制，包括财政收入激励机制和公共服务供给保障机制；②基于不同规模典型城市，根据问卷调查和统计数据，量化农业转移人口市民化意愿，考察地方政府公共服务供给等财政行为对农业转移人口市民化的影响，并完成农业转移人口的城镇公共服务需求识别。

3.1 市民化进程中地方政府财政激励的政策梳理

近年来，我国政府将推进农业转移人口市民化作为城镇化的首要任务，并出台一系列政策文件完善对农业转移人口市民化的制度支撑，不断推进农业转移人口市民化进程。基于对已有政策文件的梳理，可以把市民化进程中地方政府财政激励的相关政策划分为两个阶段：

第一阶段，战略部署阶段（2016 年之前）。这一阶段，伴随"有序推进农业转移人口市民化"的战略部署，逐步明确与农业转移人口相关的教育、社保以及户籍等相关制度，并开始着手完善相关制度。2014 年《国家新型城镇化规划（2014—2020 年）》明确提出深化户籍改革、保障随迁子女平等享有受教育权利以及扩大社会保障覆盖面等一系列具体措施，逐步放松户籍管制，推动城镇基本公共服务向常住人口全覆盖，为"有序推进农业转移人口市民化"进行战略部署。

第二阶段，制度完善阶段（2016 年至今）。2016 年《国民经济和社会发展第十三个五年规划纲要》进一步提出统筹推进户籍制度改革和

农业转移人口市民化进程中的公共服务供给与地方财政激励

基本公共服务均等化,健全常住人口市民化激励机制。在此基础上,2016年8月国务院印发《关于实施支持农业转移人口市民化若干财政政策的通知》、2016年9月国务院印发《推动1亿非户籍人口在城市落户方案》、2016年11月财政部印发《中央财政农业转移人口市民化奖励资金管理办法》。一系列政策措施,包括均衡性转移支付制度、县级基本财力保障机制等与农业转移人口挂钩,加大对农业转移人口市民化财政支持力度等,极大调动各级地方政府推进农业转移人口市民化的积极性,农业转移人口市民化进程明显加快,在一系列政策措施的推动下,我国常住人口城镇化率从2012年的35%提升到2019年的44.38%,同期户籍人口城镇化率从52.57%增长到60.60%。① 常住人口城镇化率增速明显,近年来增速超过户籍人口城镇化率(见图3-1)。与此同时,我国也初步构建出促进农业转移人口市民化的地方政府财政激励机制。

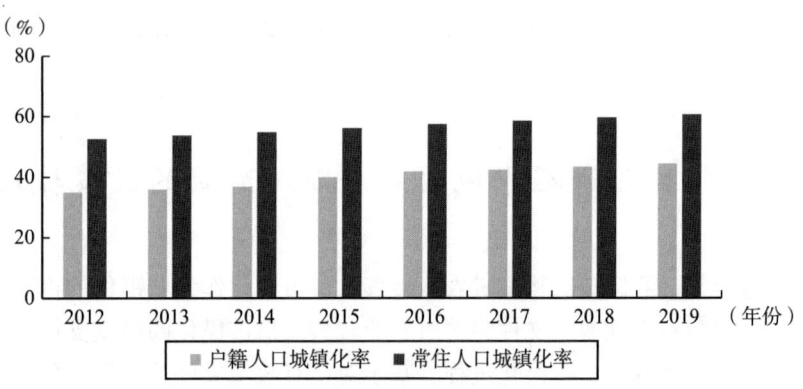

图3-1 2012~2019年我国常住人口城镇化率和户籍人口城镇化率
资料来源:根据《中国统计年鉴》(各年份)测算。

2022年发布的《"十四五"新型城镇化实施方案》,继续把推进农业转移人口市民化作为新型城镇化的首要任务,以提高市民化质量为核心,提出深入推进户籍制度改革等。2023年政府工作报告进一步提出"把加快农业转移人口市民化摆在突出位置",提出要深化户籍制度改革,完善"人地钱"挂钩政策,让有意愿的进城农民工在城镇落户,推动未落户常住人口平等享受城镇基本公共服务。由此可见,近年来,我国农业转移

---

① 根据《中国统计年鉴》(各年份)测算而来。

人口市民化进入了新的发展阶段。

3.1.1 市民化进程中地方政府财政收入激励机制

基于2.3.1部分的分析,市民化进程中地方政府财政激励本质上是通过政府间转移支付、税收、财政支出等手段,影响地方政府推进农业转移人口市民化的财政收益与成本,提高地方政府财政承受能力以及地方政府为农业转移人口提供均等公共服务的积极性。基于2.2部分的理论分析,农业转移人口的存在是劳动力资源优化配置的结果,对流入地经济社会发展和城市经济增长有着不可忽视的作用,进而为地方政府税收收入增长奠定经济基础。同时,农业转移人口融入城镇生活后的消费行为也带来税收收入贡献。尽管如此,大量关于农业转移人口消费行为的研究也显示,由于收入水平、社保参与程度、身份认同感、文化资本等因素的影响,农业转移人口消费水平普遍低于城镇居民。[①] 这使得农业转移人口在城镇的生产、生活及消费等活动与地方税收收入的直接关联度较弱,在一定程度上使得地方政府推动农业转移人口市民化的动力不足。

基于此,近年来我国出台了一系列政策措施以提升地方政府财政承受能力,调动地方政府为农业转移人口提供公共服务的积极性。2016年以来《关于实施支持农业转移人口市民化若干财政政策的通知》等一系列政策文件的实施,即属于此。伴随一系列政策文件的实施,各地出台加大农业转移人口市民化奖励机制、完善与市民化挂钩的转移支付制度等,增加对地方政府特别是县级政府的转移支付,不断提高地方政府财政承受能力,调动地方政府公共服务供给的积极性,构建出农业转移人口市民化的地方政府财政收入激励机制。

1. 建立健全农业转移人口市民化奖励机制

建立农业转移人口市民化奖励机制,在均衡性转移支付中专门安排农业转移人口市民化奖励资金,利用因素法确定资金分配,向吸纳跨省份流动农业转移人口较多地区和中西部地区中小城镇实施资金倾斜。从各地的做法来看,目前的农业转移人口市民化奖励机制大致具有如下特

---

① 袁超、张东:《文化资本与空间分化:城中村流动人口消费空间隔离的再生产》,载于《湖湘论坛》2019年第5期,第75~87页。

征：一是综合多种因素考量市民化财政成本，确定市民化奖励资金分配标准。按照《国务院关于实施支持农业转移人口市民化若干财政政策的通知》，市民化奖励资金的拨付主要考虑农业转移人口实际进城落户人数、地方提供基本公共服务成本、各地财政困难程度等因素，各省在市民化奖励资金分配中大多综合考虑上述因素。如广东省综合考虑农业转移人口流动、城市规模、农业转移人口进城落户数和基本公共服务提供情况等因素用于基本公共服务提供，山东省则依据各市外来务工人员市民化、就地转移人口市民化、城中村和城边村原有居民市民化任务完成情况、户籍城镇化率等因素按统一的公式计算分配。二是向特定地区的资金倾斜。一种做法是依据考核结果，资金向优秀地市倾斜，如浙江、山东、湖北等省份在完善市民化考核机制的基础上，对优秀地市增加奖励资金；另一种做法则是兼顾地区经济发展策略，向特定地区倾斜，如广东省的奖励资金分配，不仅向吸纳农业转移人口较多地区倾斜，还要向粤东西北地区倾斜，以促进粤东西北振兴发展。

2. 健全与市民化挂钩的转移支付制度

除建立专门的农业转移人口市民化奖励机制外，中央和省级政府在均衡性转移支付以及县级基本财力保障机制中也考虑农业转移人口因素。

首先，建立与市民化挂钩的财力性转移支付制度。按照《国务院关于实施支持农业转移人口市民化若干财政政策的通知》，除安排专项奖励资金外，在财力性转移支付中也考虑市民化因素，即在确定财力性转移支付时，适当考虑为持有居住证人口提供基本公共服务的增支因素。广东等省份在对下分配转移支付资金时，考虑了持有居住证人口的基本公共服务需求。上海、湖北等地在充分考虑各区常住人口、财力情况、基本公共服务保障水平等客观因素的情况下，不断扩大均衡性转移支付规模，上海市还建立市对区均衡性转移支付稳定增长机制。

其次，建立与市民化挂钩的县级基本财力保障机制。如前所述，在地方财政运行压力增加的现实背景下，推动市民化进程，有赖于地方政府财力保证，为此，近年来我国不断完善县级基本财力保障机制，充分考虑持有居住证人口因素，以缩小地区间财力差距，增强县级财政的公共服务保障能力。各地在测算县级相关民生支出时，大多将常住人口、持有居住证人口作为重要因素，并加强对吸纳农业转移人口较多的贫困地区县级政府的财力保障，确保农业转移人口的基本公共服务供给。

最后，建立与市民化挂钩的转移支付动态调整机制。考虑到市民化进程中农业转移人口人数、基本公共服务供给成本等随着时间的波动，各地在建立健全县级基本财力保障机制的基础上，还探索建立与市民化挂钩的转移支付动态调整机制。如上海市、广东省等均提出根据不同时期农业转移人口数量规模、不同地区和城乡之间农业转移人口流动变化、大中小城市农业转移人口市民化成本差异等，适时调整完善转移支付规模和结构。湖北省提出省级财政在根据常住人口等因素测算分配均衡性转移支付的基础上，根据基本公共服务水平提高和规模增长情况进行动态调整，确保对财政困难地区转移支付的规模和力度。

3.1.2 市民化进程中地方政府公共服务供给保障机制

基于2.3.1部分的分析，市民化进程中地方政府财政激励本质上是通过政府间转移支付、税收、财政支出等手段，影响地方政府推进农业转移人口市民化的财政收益与成本，提高地方政府财政承受能力以及地方政府为农业转移人口提供均等公共服务的积极性。基于《关于实施支持农业转移人口市民化若干财政政策的通知》等一系列政策文件的要求，根据地方政府财政收入激励，各地政府纷纷以确保农业转移人口享有均等化公共服务为目标，不断完善公共服务供给制度，提升社会保障、教育、就业、住房保障等公共服务供给能力，构建出市民化进程中的地方政府公共服务供给保障机制。

1. 社会保障

基于1.2.2部分的概念界定，农业转移人口市民化是一个动态的过程，其中确保农业转移人口享有均等化公共服务是市民化的核心内容，这就要求地方政府不断提升城镇公共服务供给能力，为此各地纷纷探索社会保障制度改革，增强对农业转移人口的吸纳能力。

养老保险方面。各地积极探索改革城镇基本养老保险制度，提升对农业转移人口的吸纳能力。主要做法包括：一是持续推进制度衔接，包括推进城镇企业职工基本养老保险与城乡居民养老保险的制度衔接，以及养老保险的异地转移接续。山东省以扩大外来务工人员社会保障覆盖面为重点，依法将稳定就业的外来务工人员和灵活就业人员纳入职工基本养老保险参保范围，完善居民基本养老保险与职工基本养老保险制度的转移接续。二是提升企业职工基本养老保险对农业转移人口的吸纳能力。上海市规定针对符合一定条件的农业转移人口，可以个人身份参加企业职工基本养老保险；湖北省则提出除审核年龄、身份证、居住证信息外，不得设置户籍性质、地域范围、就业证明等条件限制农业转移人口参保。

医疗保险方面。各地的主要做法包括：一是加快推进城乡基本医疗保险关系转移接续和异地就医结算，积极推进基本医疗保险参保人跨制度、跨地区转移接续。广东省提出，对省内不同统筹地区参加职工医保的缴费年限要互认并累计计算，全面实现省内异地就医直接结算、费用统一清算，推进跨省异地安置退休人员住院医疗费用直接结算。二是增加城镇居民基本医疗保险对农业转移人口的吸纳能力。湖北省提出，省级和市、州、县财政按照参保城镇居民相同标准给予农业转移人口补助，避免重复参保、重复补助。

其他方面。为推动农业转移人口市民化，各地在社会救助方面不断扩大低保救助覆盖面，建立统一的城乡居民家庭最低生活保障认定标准和救助标准，加快农业转移人口社会救助制度的城乡统筹；逐步建立城乡一体的专项救助制度。上海市、湖北省等地纷纷提出实施城乡一体的医疗救助制度，减轻本市城乡困难家庭的医疗费用负担，实现城乡居民救助政策、救助内容、救助条件和救助标准统一。浙江省完善住房救助，吸纳进城落户的农业转移人口享有和城镇居民同等的住房救助水平。

2. 随迁子女教育

除社会保障外，各级地方政府增强农业转移人口子女教育供给水平，保障其受教育权利。

学前教育方面。湖北省、山东省等地研究制定农业转移人口在流入地享受普惠性学前教育政策，制定普惠性幼儿园的认定办法和支持措施，建立公办园生均拨款制度和普惠性民办园奖补制度，加强学前幼儿资助工作，通过政策引导和资金激励，支持扩大学前教育资源，确保农业转移人口子女同等享受学前教育权利。

基础教育方面。各地完善以居住证为主要依据的子女入学政策，将农业转移人口随迁子女义务教育纳入公共财政保障范围，统一城乡义务教育经费保障机制。上海市探索建立全市基本统一的义务教育学校建设标准、学校配置（设施设备）标准、教师队伍配置标准、教师收入标准和生均经费标准。此外，为适应农业转移人口随迁子女流动性特征，明确"两免一补"资金和生均公用经费基准定额资金的可携带使用，从而确保农业转移人口子女基础教育的财政资金保障。

中等职业教育方面。湖北省将农业转移人口及其他常住人口随迁子女同等纳入中等职业教育国家助学政策和建档立卡的家庭经济困难学生实施普通高中免除学杂费政策支持范围。上海市也探索出台中等职业教育学生资助政策，对符合条件的本市农业转移人口随迁子女免除学杂费、发放助学金等。

3. 就业

一是完善就业专项资金分配办法。各级地方政府在安排就业专项资金时充分考虑农业转移人口就业问题，将城镇常住人口和城镇新增就业人数作为资金分配因素，并赋予适当权重，进一步规范就业资金分配使用。

二是增大公共就业服务供给力度。为促进农业转移人口就业，提升其劳动力技能，各级政府增加投入，确保公共就业服务供给力度。浙江省积极提供职业指导、介绍、培训及技能鉴定等公共就业服务和扶持政策；广东省实施劳动力技能晋升培训补贴政策，针对职业技能培训和职业技能鉴定等行为发放补贴；山东省则加大农业转移人口就业技能、岗位技能提升和转岗培训力度，鼓励农业转移人口自主创业，并在就业创业培训、创业担保贷款、创业补贴、税费减免等方面给予优惠扶持。

三是健全农业转移人口的失业登记制度。为确保农业转移人口失业期间的基本生活与再就业，各级地方政府通过增加财政投入，支持农业转移人口中的失业人员进行失业登记。如山东省提出建立城乡统一的就业失业登记制度，上海市提出各级公共就业服务机构免费为符合条件的人员进行失业登记和提供公共就业服务。

4. 住房保障

按照马斯洛的需求层次理论，住房需求关乎农业转移人口的"衣食住行"，属于最低层次的需求。住房需求的满足程度直接影响农业转移人口在城镇的生活质量及其融入程度。正因如此，各级地方政府按照市场配置和政府保障相结合的原则，不断探索增强城镇住房保障制度对农业转移人口的吸纳能力。

一方面，扩大住房保障制度的覆盖范围，逐步将农业转移人口全部纳入城镇住房保障体系和住房公积金制度。如浙江省规定进城落户的农业转移人口享有和城镇居民同等的住房救助和住房保障，未在城镇落户的农业转移人口，按条件逐步纳入城镇住房保障体系；湖北省提出将农业转移人口纳入住房公积金制度覆盖范围，鼓励个体工商户和自由职业者缴存，同时放宽住房公积金提取条件，支持缴存人异地使用等，积极吸纳农业转移人口参与住房公积金制度。

另一方面，鼓励农业转移人口通过市场购买或租赁住房等多种方式、多渠道解决农业转移人口居住问题。各地对于农业转移人口购买住房给予政策扶持。山东省提出对于符合条件的农业转移人口购买住房，可享受税收和规费减免等优惠政策。对依法自愿有偿转让宅基地使用权及农房等地上附着物的农民，地方政府可参照当地城镇建设用地指标价格给予合理补偿或发放等额"房票"，在辖区内购买新建商品住房时抵作购房款。湖北省规定对农业转移人口首次在城镇购买住房的，鼓励银行业金融机构适当降低首付比例。对符合条件的、在市场上租赁住房的农业转移人口家庭发放租赁补贴。

5. 其他措施

一是建立与居住证挂钩的公共服务供给制度。长期以来，与户籍挂钩的公共服务供给制度在很大程度上限制着农业转移人口对城镇公共服务的享有。为逐步实现城镇公共服务向农业转移人口的均等化覆盖，各地逐步弱化户籍制度与公共服务供给制度的关联，逐步建立起以居住证为载体的城镇常住人口基本公共服务供给制度。根据2024年7月《深入实施以人为本的新型城镇化战略五年行动计划》，把握人口流动客观规律，推动相关公共服务随人走。各地区在动态调整基本公共服务配套标准时，要增加常住人口可享有的基本公共服务项目，按照常住人口规模优化基本公共服务设施布局。推进居住证与身份证功能衔接，健全以公民身份证号码为标识、与居住年限相挂钩的非户籍人口基本公共服务提供机制，稳步实现基本公共服务由常住地供给、覆盖全部常住人口。近年来，各地也纷纷采取措施优化基本公共服务供给制度。以山东省为例，2019年山东省提出以居住证制度为基础，推进随迁子女入学、医疗保险和技能培训等城镇基本公共服务向常住人口的全覆盖。浙江省2023年提出要加快农业转移人口市民化，到2027年县城人口占县域比重年均提高0.8个百分点。为此，深化户籍制度改革，完善以居住证为载体的城镇基本公共服务提供机制，并探索以积分制为依据的紧缺公共服务梯度供给制度。

二是逐步放开户籍制度。近年来，我国逐步放开放宽除个别超大城市外的落户限制，推行以经常居住地登记户口制度。全面落实城区常住人口300万以下城市取消落户限制要求，全面放宽城区常住人口300万~500万城市落户条件。完善城区常住人口500万以上超大特大城市积分落户政策，鼓励取消年度落户名额限制。各城市要因地制宜制定具体落户办法，促进在城镇稳定就业和生活的农业转移人口举家进城落户，并与城镇居民享有同等权利、履行同等义务。在中央政策推动下，各地逐步放宽城镇落户条件，探索建立城乡有序流动的户籍迁移政策。广东省自2010年起就在全国率先实施居住证制度，探索以居住证为载体，按照权利义务对等、梯度赋予权利的原则，逐步推进农业转移人口的公共服务均等化供给。近年来更是提出全面放开建制镇和小城市落户限制，有序放开部分地级市落户限制，逐步调整珠三角部分城市入户政策等户籍迁移政策。山东省2019年提出全面取消城镇落户限制，促进有能力在城镇稳定就业和生活的农业转移人口及其家属落户，加快取消购房面积、就业年限、投资纳税、积分制等落户条件。2023年，我国东部地区除极少数超特大城市、中西部地区除个别省会（首府）城市外，全面放开放宽落户限制。

3.2 财政激励政策下的农业转移人口市民化现状分析

已有文献关注农业转移人口市民化进程并尝试对其进行测度。一种常见的做法是基于多个角度构建指标体系，完成农业转移人口市民化进程测度。如刘传江等[1]基于外部制度因素、农业转移人口群体因素和个体因素三方面，选取歧视系数、市民化能力等指标完成市民化进程的测

---

[1] 刘传江、程建林：《第二代农民工市民化：现状分析与进程测度》，载于《人口研究》2008年第5期，第48~57页。

度。苏丽锋[①]从就业市民化、收入市民化、社会保障市民化、居住市民化和消费市民化五个维度选取指标完成市民化进程测度。王桂新[②]、王晓丽（2013）等的研究也基本遵循了这一思路。在此类研究中，农业转移人口市民化意愿能够基于主观视角量化农业转移人口经济适应能力和心理融入程度，成为多数学者在市民化进程测度中选取的核心指标之一。

正因如此，大量学者直接以农业转移人口市民化意愿及其影响因素为研究对象展开实证研究，以期测度农业转移人口市民化进程及其影响因素。普遍认为，农业转移人口的性别、受教育水平、收入与住房水平、配偶是否随迁等个人或家庭因素都有可能影响农业转移人口市民化意愿，如李强（2003）、戚迪明等（2012）、杨凡（2018）从不同侧面论证上述因素对农业转移人口市民化意愿的影响。除个人或家庭因素外，大量研究证实农业转移人口享有城镇公共服务状况显著影响农业转移人口市民化意愿。王桂新（2015）、刘乃全等[③]的研究均表明，城镇公共服务特别是社会保障对农业转移人口的居留意愿具有显著影响。侯慧丽（2016）、林李月等[④]则表明，相比小城镇，大城市养老、医疗、失业和住房保障供给对农业转移人口市民化意愿产生更为显著的影响。

基于此，本书基于微观调查数据，探讨现有财政激励政策下的农业转移人口市民化意愿，以期描述农业转移人口市民化进程；考察农业转移人口的城镇公共服务需求，以期为完善城镇公共服务供给提供一定参考。

3.2.1 财政激励政策下的农业转移人口市民化意愿测度

1. 问卷调查概况

为考察财政激励政策下的农业转移人口市民化现状，本书选取主要城镇公共服务展开问卷调查。问卷涉及的主要公共服务包括社会保障、

[①] 苏丽锋：《中国流动人口市民化水平测算及影响因素研究》，载于《中国人口科学》2017年第2期，第14~26、128页。

[②] 王桂新：《中国城市农民工市民化研究——以上海为例》，载于《人口与发展》2008年第1期，第5~25页。

[③] 刘乃全、宇畅、赵海涛：《流动人口城市公共服务获取与居留意愿——基于长三角地区的实证分析》，载于《经济与管理评论》2017年第6期，第113~122页。

[④] 林李月、朱宇、柯文前等：《基本公共服务对不同规模城市流动人口居留意愿的影响效应》，载于《地理学报》2019年第4期，第123~138页。

教育、住房保障、一般公共服务四大类。为获取相关数据，问卷主要考察三方面内容：一是个体社会经济特征调查，二是城镇主要公共服务参与程度调查，三是城镇主要公共服务需求排序。

问卷调查以随机抽样方法展开，本书选取山东省济南、聊城、济宁、烟台、潍坊等地，对2017年春节返乡农业转移人口发放问卷，累计发放并收回问卷1000份，其中有效问卷976份，占比97.6%。问卷数据显示，976位被调查者中有902人选择年后继续回城务工，占有效问卷的92.42%，选择继续返回原来城市务工的被调查者共854位，占继续务工者的94.68%。表3-1描述了被调查者打工所在的城市。

表3-1　　　　　　　被调查者打工城市分布

项目	省内			省外						
	济南	青岛	其他	北京	天津	徐州	上海	杭州	南京	其他
人数	225	198	119	114	69	72	62	32	20	65
占比（%）	23.05	20.29	12.19	11.68	7.07	7.38	6.35	3.28	2.05	6.66

基于样本主要社会经济特征调查的主要指标及其描述性统计见表3-2。

表3-2　　　　　　　样本数据的描述性统计

指标名称	最大值	最小值	均值	赋值范围
性别	1	0	0.7039	男性=1，女性=0
受教育程度	3	0	1.8064	小学及以下=0，初中=1，高中=2，大专及以上=3
年龄	67	18	47.24	单位：岁
家庭人口数	7	2	3.9603	单位：人
打工时长	12	1	5.0836	单位：年
年人均收入	5	0.5	2.9647	单位：万元

基于问卷调查，初步可得结论如下：

一是被调查者打工城市的分布印证山东省人口近域流动的特点。统计数据显示，约有85%的流动人口为山东省内流动人口[①]，省外流入人

[①] 数据源自《2016年山东省流动人口动态监测数据分析报告》。

口远低于广东省、浙江省等沿海省份,其中,山东省东部发达县市的近域流动比例更是高达70%以上[①]。表3-1的相关数据进一步印证该结论,基于表3-1,约有55.53%的被调查者选择在山东省内务工,其中主要集中于济南、青岛两市。省外务工者较为集中的城市分别是北京、徐州[②]、天津,主要分布于山东周边,这表明省外务工者在务工地选择上也受到地理位置的影响。

二是追求收入的提升依然是农村居民外出务工的主要动因。基于被调查者的主观感知,约有83.40%的被调查者认为,"在外打工收入高"是促使其外出打工的主要原因。约有90.88%的被调查者认为外出打工确实带来收入的增加,其中约有53.28%的被调查者选择收入比打工前"增加50%到100%"。另外,被调查者的收入数据也显示,务工收入占家庭全年总收入的比重平均为82.36%,相对较高。上述数据均表明,促使农业转移人口进城务工的主要动因是提升收入,而外出务工确实在一定程度上带来农村居民家庭收入的增加,并已成为外出务工居民家庭的主要收入来源。

三是家庭收入提升的行业差别特征明显。调查显示,农业转移人口较为集中的行业为建筑业、餐饮业、家政业、交通运输业等五个行业,从事行业不同带来的收入提升程度也不尽相同。表3-3揭示了外出务工所从事的行业差异对收入提升程度的影响。如表所示,基于主观认知,从事家政业、餐饮业的农业转移人口感觉获得更多收入提升。其中,近71%的从事家政行业的被调查者认为自己收入增加50%及以上,而交通运输业的被调查者则维持在40%~50%,行业间存在一定的收入差别。

表3-3　　　　农业转移人口所在行业与收入提升感知差别　　　　单位:%

行业	没有增加	增加50%以下	增加50%~100%	增加100%以上
建筑业	4.22	33.97	44.48	17.33
餐饮业	2.19	38.82	49.58	9.41

---

① 数据源自《山东省新型城镇化规划(2014—2020)》。
② 调查数据显示,约72位省外务工者集中于徐州,在一定程度上与采样地区济宁有关。72位徐州务工者主要集中在济宁地区。

续表

行业	没有增加	增加50%以下	增加50%~100%	增加100%以上
家政业	6.46	22.64	51.36	19.54
交通运输业	3.94	53.74	34.77	8.15
其他	10.22	47.65	26.09	16.04

2. 农业转移人口市民化意愿及其影响因素分析

（1）模型构建与相关检验。

如前所述，农业转移人口市民化意愿能够基于主观视角量化农业转移人口的经济适应能力和心理融入程度，成为多数学者在市民化进程测度中选取的核心指标之一。基于此，本书选取农业转移人口市民化意愿这一指标作为衡量市民化进程的核心指标，在问卷中设计如下相关问题：一是是否有计划在未来一段时间内返乡生活？二是返乡的主要原因是什么？基于上述两个问题，完成农业转移人口市民化意愿调查。基于问卷调查，约有69.36%的被调查者选择在未来一段时间内返乡生活。有返乡意愿的被调查者中，54.36%的被调查者认为促使其返乡的主要原因是"回家养老"，35.60%的被调查者认为促使其返乡的主要原因是"在外的生活花销多，压力大"。这从一个侧面进一步印证了收入因素依然是推动农村劳动力转移的主要动因。

为量化农业转移人口市民化意愿的影响因素，构建二元Logistic模型，分别量化不同因素对农业转移人口市民化意愿的影响。当第i位农业转移人口没有返乡意愿时$Y_i = 1$，当第i位农业转移人口有返乡意愿时$Y_i = 0$。Logistic回归模型估计结果的相应表达式为：

$$p\left(y_i = \frac{1}{x_i}\right) = \frac{\exp(\beta + \sum_{i=1}^{n} \alpha_i x_i)}{1 + \exp(\beta + \sum_{i=1}^{n} \alpha_i x_i)} \quad (3.1)$$

基于文献梳理与现有理论模型，从四个层面选取农业转移人口市民化意愿的影响因素：居民个人经济社会特征，主要包括性别、年龄、受教育年限、是否村干部；居民家庭经济社会特征，主要包括家庭人口数、子女是否适龄入学儿童、家庭人均耕地面积、家庭人均收入；居民外出务工地的地理特征，主要包括务工地与家乡车距、外出务工时间、一年内回家次数；居民外出务工的公共服务享有，主要包括是否享有务工地社会保障、子女是否在务工地入学、是否参与务工地就业培训服务等。

以 K–S 检验和独立性卡方检验分别完成对连续型随机自变量和离散型随机自变量的相关检验。以单样本非参数检验 K–S 检验方法完成连续型随机自变量是否服从正态分布的检验。相关变量名称及检验结果见表 3–4。如表所示，在 0.05 的显著性水平下，除最近一次参与村内"一事一议"时间外，其余 8 个连续型随机自变量的渐进显著性水平均大于 0.05，因此不能拒绝 H_0 假定，即认定样本数据符合正态分布。

表3–4　连续型随机自变量描述性统计分析及单样本 K–S 检验结果

变量名称	正态参数[a,b] 均值	标准差	Kolmogorov–Smirnov Z	渐进显著性（双侧）	单位
年龄	47.24	9.51856	0.529	0.878	岁
家庭人口数	3.9603	0.87892	1.466	0.065	个
家庭人均耕地面积	1.5988	1.68613	0.798	0.105	亩
家庭人均收入	2.9647	1.94074	0.923	0.8615	万元
打工收入占比	85.5373	10.71437	1.671	0.0675	%
外出打工时间	11.8657	7.13059	1.028	0.541	年
与家乡车距	4.7917	1.35052	1.674	0.057	小时
一年回家次数	5.8806	1.35426	1.451	0.982	次

注：a. 检验分布为正态分布。b. 根据数据计算得到。表中以渐进显著性（双侧）表示。参考常见做法，以概率 0.05 为界。小于 0.05 说明不符合正态分布，大于 0.05 符合正态分布，表中保留了除"一事一议"以外显著的 8 个自变量。

以独立性卡方检验完成离散型随机自变量与二元因变量之间的相关性检验。涉及的离散型随机自变量包括性别、受教育程度、是否参加务工地社会保障、子女是否在务工地入学、是否享有务工地就业培训服务以及是否村干部。性别赋值情况为"男性=1，女性=0"，受教育程度赋值情况为"小学及以下=0，初中=1，高中=2，大专及以上=3"，是否参加务工地社会保障、子女是否在务工地入学、是否享有务工地就业培训服务、是否村干部的赋值情况均为"是=1，否=0"。独立性卡方检验的渐进 sig（双侧）值如表 3–5 所示。以表中 Pearson 卡方值 <

0.05 为判断标准,将被调查者性别、受教育程度、是否参加务工地社会保障、子女是否在务工地入学以及是否享有就业培训与指导等变量,引入 Logistic 回归模型,剔除是否村干部因素。

表 3-5　　　　　　　离散型随机自变量卡方检验结果

变量	Pearson 卡方	似然比	线性和线性组合	变量	Pearson 卡方	似然比	线性和线性组合
性别	0.000***	0.000	0.002	受教育程度	0.000***	0.000	0.015
子女是否适龄入学儿童	0.000***	0.000	0.000	村干部	0.304	0.192	0.639
是否参加务工地社会保障	0.000***	0.000	0.002	子女是否在务工地入学	0.000***	0.000	0.015
是否享有务工地就业培训服务	0.000***	0.000	0.000	—			

注:*** 表示在1%的显著性水平上显著。

以 KMO 检验和 Bartlett 球形检验比较变量间简单相关系数和偏相关系数,检验结果显示,KMO 统计量为 0.787,样本分布 Bartlett 球形检验的 sig 值均小于 0.05,表明数据呈球状分布——各变量在一定程度上相互独立。

(2) 模型回归结果。

基于式 (3.1) 的 Logistic 回归模型,依次加入个人经济社会特征、家庭经济社会特征、务工地地理特征以及务工地公共服务享有特征,形成模型 1-1 至模型 1-4,结合微观调查数据,完成回归估计,具体结果见表 3-6。

表 3-6　农业转移人口市民化意愿及其影响因素的 Logistic 回归分析

变量	模型 1-1	模型 1-2	模型 1-3	模型 1-4
性别	0.0046* (0.5751)	0.0036 (0.0369)	0.0079 (0.0591)	0.0063 (0.0690)

续表

变量	模型1-1	模型1-2	模型1-3	模型1-4
年龄	-0.045*** (1.9753)	-0.0363** (1.6738)	-0.0192** (1.6648)	-0.0299** (1.8485)
受教育年限	0.0993* (0.5992)	0.08928* (0.5693)	0.0716 (0.0406)	0.0303 (0.0605)
家庭人口数		0.0029** (0.0901)	0.0091** (0.0899)	0.0208* (0.0935)
子女是否适龄入学儿童		0.000063 (0.0131)	0.00163 (0.0131)	0.0068 (0.0003)
家庭人均耕地面积		0.0542 (0.0018)	-0.0636 (0.0094)	0.0403 (0.0020)
家庭人均收入		0.1742*** (2.1018)	0.2042** (1.1825)	0.461742*** (1.9574)
务工地与家乡车距			-0.0121*** (1.9584)	-0.260*** (1.7840)
外出务工时间			0.3575*** (1.1704)	0.228** (0.0904)
一年内回家次数			-0.0636** (1.4094)	-0.0636* (1.0169)
是否享有务工地社会保障				0.5218** (2.0863)
子女是否务工地入学				0.8958** (1.9655)
是否享有务工地就业培训服务				0.4658** (1.0538)

注：*、**和***分别表示在10%、5%和1%的显著性水平上显著。

基于表3-6的回归结果，可得结论如下：

人口统计特征中，居民年龄与农业转移人口市民化意愿呈现显著负相关关系，这进一步印证之前的分析，即有返乡意愿的被调查者中有超过一半以上者是出于返乡养老的目的，因此，相比年轻人，老年人这种返乡养老的意愿更为明显。除此之外，性别、受教育程度等自变量对市民化意愿的影响并不明显。可能的原因是，伴随受教育程度的增加，农业转移人口的认知水平更高、收入能力更强，他们面临更多的就业选择，包括返乡创业，这在一定程度上弱化了其市民化意愿。

家庭经济特征中，家庭人均收入与农业转移人口市民化意愿呈显著正相关关系，这意味着伴随收入水平的提升，更多的农业转移人口愿意融入城镇生活，市民化意愿逐步增强。相比之下，家庭人均耕地面积与农业转移人口市民化意愿并没有呈显著的相关关系，这在一定程度上印证了外出务工成为农业转移人口获取收入的主要途径。调查数据显示，农业转移人口家庭收入的来源结构中，土地收入占比在10%~35%不等，均值为19.82%，相对偏低，农业转移人口的土地收入保障能力逐步弱化。

外出打工地的地理特征。务工地与家乡车距、外出务工时间与一年内回家次数均与农业转移人口的市民化意愿呈现相关关系。其中，务工地与家乡越近，农业转移人口的市民化意愿更为明显。结合之前的分析，山东省农业转移人口近域流动特征较为明显，更多的农业转移人口在务工地选择上受地理位置的影响，这可能在一定程度上影响其在务工地的市民化意愿；外出务工时间越长，农业转移人口的市民化意愿更为明显，这意味着，伴随外出务工时间的增加，农业转移人口更愿意融入务工地的生产生活。一年内回家次数与农业转移人口市民化意愿呈现负相关关系，回家次数越多，农业转移人口与家乡的联系越密切，这有可能在一定程度上弱化农业转移人口市民化意愿。

居民外出务工的公共服务享有。相比于居民个人经济社会特征、家庭经济社会特征，居民在务工地的公共服务享有包括社会保障、子女教育、就业培训等，显著影响农业转移人口的市民化意愿。这与张文武等[1]的研究结论相同。这也意味着，确保城镇公共服务向农业转移人口的覆盖与保障，是推动农业转移人口市民化的关键所在。

3.2.2 市民化进程中农业转移人口公共服务的需求识别

3.2.1部分的分析显示，农业转移人口市民化意愿与其城镇公共服务享有呈现明显正相关关系，因此确保城镇公共服务向农业转移人口的

---

[1] 张文武、欧习、徐嘉婕：《城市规模、社会保障与农业转移人口市民化意愿》，载于《农业经济问题》2018年第9期，第128~140页。

覆盖与保障,是推动农业转移人口市民化的关键所在。基于此,结合问卷数据和构建KANO模型,实现对市民化进程中农业转移人口公共服务的需求识别。为考察财政激励政策下的农业转移人口市民化现状,本书选取主要城镇公共服务展开问卷调查。问卷涉及的主要公共服务包括社会保障、教育、住房保障、一般公共服务四大类。其中,社会保障类公共服务主要涉及养老保险、医疗保险和失业保险三类;教育类公共服务包括子女教育、自身职业技能培训两类;一般公共服务涉及公共文化、市政基础设施和一般行政服务三类。文献研究显示,现有研究多以需求排序或满意度作为一定供给水平下居民需求的表征。在此,我们沿用这一做法,考察农业转移人口对9种主要城镇公共服务需求排序及其满意度,并量化农业转移人口对不同城镇公共服务的需求程度与满意度。

1. 农业转移人口的主要公共服务需求排序

基于问卷数据,考察农业转移人口对9种主要城镇公共服务的需求程度。相关问卷数据源自问卷的第二部分:城镇主要公共服务需求排序。问卷在第一部分"个体社会经济特征"调查之后,设置9种城镇主要公共服务的需求排序,即要求被调查者将他认为目前最需要的公共服务放在第一位,依次类推,以考察农业转移人口对城镇主要公共服务的需求程度。

基于问卷调查进行数据处理,以赋值法计算9种城镇主要公共服务的需求程度。具体操作如下:针对某一被调查者的问卷,对其排名第1位的城镇公共服务赋值9,排名第2位的公共服务赋值8,依次类推。将所有被调查者对某类公共服务需求的所有得分加总后除以参与调查的总人数,即可得所有被调查者对该公共服务需求的均值。表3-7反映了农业转移人口对城镇主要公共服务的需求得分及排序。

表3-7　　　　农业转移人口主要城镇公共服务需求排序

项目	养老保险	医疗保险	失业保险	住房保障	子女教育	职业培训	公共文化	市政设施	一般行政服务
得分	5.1291	7.1913	6.3475	4.1197	6.1328	5.3067	4.1000	3.2142	3.4587
位次	5	1	2	6	3	4	7	9	8

基于表3-7可得结论如下:

一是社会保障类需求依然是农业转移人口对城镇公共服务的首要需求。基于被调查者的需求排序，医疗保险、失业保险、养老保险等社会保障类需求排序分别为第一位、第二位和第五位，依然是农业转移人口对城镇公共服务的首要需求。已有大量研究探讨社会保障在农业转移人口市民化进程中的重要作用。王桂新和胡健[1]、谭晓婷和张广胜[2]等基于不同侧面的实证研究均显示，社会保障对农业转移人口市民化意愿具有显著正向作用。尽管如此，农业转移人口享有的社会保障类公共服务水平相对偏低。在针对医疗保险的调查数据中，约有89.55%的被调查者为城乡居民医疗保险制度的参保者，只有4.92%的被调查者参与城镇企业职工医疗保险制度。相较于城镇职工，农业转移人口享有医疗保障的水平相对偏低。

二是农业转移人口的公共服务需求受到返乡意愿的影响。基于被调查者的主要公共服务需求排序，医疗和失业保险的需求排序相对靠前，分别为第一位和第二位，而养老保险和住房保障需求则相对靠后，位列第五位和第六位。这可能在一定程度上受到其返乡意愿的影响。如前所述，约有69.36%的被调查者选择在未来一段时间内返乡生活，这有可能促使他们更关注医疗保险、失业保险等与当前收入提升直接相关的公共服务。相比之下，养老保险则更多的与其老年收入水平相关，而被调查者返乡养老的意愿在一定程度上拉低了其对城镇养老保险的需求。此外，尽管龙翠红等[3]、罗丞[4]和祝仲坤[5]的实证研究显示了住房保障在农业转移人口市民化进程中的作用，但考虑到多数被调查者具有返乡意愿，这可能在一定程度上影响其住房保障需求。

2. 农业转移人口的主要公共服务满意度排序

公共服务的需求程度与满意度是具有强相关性的两个指标。问卷设

---

[1] 王桂新、胡健：《城市农民工社会保障与市民化意愿》，载于《人口学刊》2015年第6期，第45~55页。

[2] 谭晓婷、张广胜：《医疗保险对农民工留城定居意愿的影响——以江苏省南京市为例》，载于《湖北农业科学》2016年第3期，第792~795页。

[3] 龙翠红、陈鹏：《新生代农民工住房选择影响因素分析：基于CGSS数据的实证检验》，载于《华东师范大学学报》（哲学社会科学版）2016年第4期，第46~54页。

[4] 罗丞：《安居方能乐业：居住类型对新生代农民工市民化意愿的影响研究》，载于《西北人口》2017年第2期，第105~110、119页。

[5] 祝仲坤：《保障性住房与新生代农民工城市居留意愿——来自2017年中国流动人口动态监测调查的证据》，载于《华中农业大学学报》（社会科学版）2020年第2期，第98~108页。

计进一步考察两组居民对9种主要城镇公共服务的满意度评价。满意度评价分别设置问题如下：设置"非常满意""满意""一般""不满意"和"非常不满意"五个选项，要求被调查者针对目前的城镇公共服务享有水平予以选择。在数据处理中，以第一个问题中所有被调查者针对某一城镇公共服务打分的均值作为衡量此类公共服务满意度的量化指标。以赋值法对第二个问题中所有被调查者的满意度进行赋值，其中，非常满意=5，满意=4，一般=3，不满意=2，非常不满意=1。基于问卷数据的统计结果见表3-8。

表3-8　　　　农业转移人口主要城镇公共服务满意度排序

项目	养老保险	医疗保险	失业保险	住房保障	子女教育	职业培训	公共文化	市政设施	一般行政服务
得分	2.4639	2.5873	2.1387	2.4295	3.3773	3.0127	3.3291	3.2145	3.2587
位次	7	6	9	8	1	5	2	4	3

基于表3-8的分析，可得主要结论如下：

一是农业转移人口的主要城镇公共服务满意度总体偏低。基于表3-8的数据，农业转移人口主要城镇公共服务满意度最高的为公共文化服务，均值为3.3291；最低为失业保险，均值为2.1387，这意味着大多数农业转移人口对主要城镇公共服务的满意度相对较低。究其原因，这与农业转移人口对城镇公共服务享有程度有关。基于问卷数据，被调查者对主要城镇公共服务的享有程度相对有限，调查中参与城镇企业职工医疗保险、养老保险和失业保险制度的分别仅占4.92%、2.15%和2.15%，大多数被调查者仅处于城乡居民医疗保险、养老保险的保障范围内。

二是农业转移人口对基础教育的满意度相对较高。基于表3-8的数据，农业转移人口主要城镇公共服务满意度最高的是子女教育，满意度均值为3.3773。如前所述，近年来各地不断完善以居住证为主要依据的随迁子女入学政策，将农业转移人口随迁子女基础教育纳入公共财政保障范围，建立统一城乡义务教育经费保障机制。一系列利好政策的推动，有力地提升农业转移人口对基础教育的满意度。基于调研数据，约有53.89%的被调查者有适龄子女参与基础教育，其中约有68.06%

的被调查者子女选择在务工地入学。相比于社会保障,农业转移人口对基础教育的参与程度相对较高。

3. 农业转移人口主要公共服务的需求识别：基于 KANO 模型的分析

如前所述,农业转移人口的主要城镇公共服务需求排序与满意度呈现一定的差异。基于顾客满意度理论,尽管需求排序或满意度能够部分表征农业转移人口的城镇公共服务需求,但二者还不能完全准确地反映农业转移人口的城镇公共服务需求。也即,可能存在这样一种情况：对于两项公共服务 A 和 B,被调查者对两项公共服务的满意度排序相差不大,但由于被调查者对公共服务 A 和 B 的依赖程度不同,其需求可能存在较大差别。如果不考虑这种需求差别,以需求排序或满意度衡量的居民需求水平可能失真。因此,针对农业转移人口主要公共服务供给优先序,必须对公共服务需求进行分类处理。基于此,本书试图借鉴顾客满意度理论中的 KANO 模型完成农业转移人口公共服务需求识别。

（1）操作过程说明。

借鉴顾客满意度理论,在问卷设计中设定结构性问卷,将 9 种主要城镇公共服务需求归为三类：必备型、期望型和魅力型。[1] 具体操作如下：首先,以正反双向问题,设置五个相同的答案,考察被调查者对某类公共服务的评价。参照 KANO 模型对市场某产品（或质量特性）的问卷设计,并考虑公共服务的特殊性,为避免产生歧义,分别以"提高某类公共服务的现有水平"和"无法提供现有水平的公共服务"两个问题考察被调查者的态度。相关问卷设计见表 3-9。

表 3-9　　　　　　KANO 模型中的结构性问卷设计

问题	选项
如果政府提高现有××供给水平,您觉得：	①很喜欢；②理所当然；③无所谓；④勉强接受；⑤很不喜欢

---

[1] 依据 KANO 模型,如果某类需求得到满足,顾客的满意度可能不会提升,但如果这类需求无法得到满足,顾客满意度会急剧下降,这就属于必备型需求。如果某类需求得到满足,顾客满意度会急剧提升,而这类需求无法得到满足时,顾客不会出现明显不满,则属于魅力型需求。如果顾客满意度与需求的满足程度成比例关系,则为期望型需求。

续表

问题	选项
如果政府无法提供现有××供给水平,您觉得:	①很喜欢;②理所当然;③无所谓;④勉强接受;⑤很不喜欢

注:"××"分别代表不同类型的城镇公共服务。

其次,汇总调查数据,填写KANO评价结果分类对照表(见表3-10)。如表所示,当被调查者对正反向问题的回答分别是"很喜欢"和"理所当然",则该被调查者对该公共服务的需求定义为魅力型需求。如果被调查者对正反向问题的回答分别为"很喜欢"和"很不喜欢",则该被调查者对该公共服务的需求定义为期望型需求。当被调查者对正反向问题的回答分别为"理所当然"和"很不喜欢",则将被调查者对该公共服务的需求定义为必备型需求。统计976位被调查者对上述9类主要城镇公共服务不同评价结果的出现频数及其占比,填写KANO评价结果分类对照表,其中占比最大的将被定义为被调查者对该项公共服务需求的最终属性。

表3-10　　　　　　　KANO评价结果分类对照表

正向	反向				
	①很喜欢	②理所当然	③无所谓	④勉强接受	⑤很不喜欢
①很喜欢	可疑结果	魅力型	魅力型	魅力型	期望型
②理所当然	反向结果	无差异	无差异	无差异	必备型
③无所谓	反向结果	无差异	无差异	无差异	必备型
④勉强接受	反向结果	无差异	无差异	无差异	必备型
⑤很不喜欢	反向结果	反向结果	反向结果	反向结果	可疑结果

(2)模型结果分析。

基于上述操作,得出976位被调查者对9种城镇主要公共服务的需求识别结果(见表3-11)。

表 3-11　农业转移人口 9 种城镇主要公共服务需求识别结果

类别	需求属性（%）						识别结果
	魅力型	期望型	必备型	无差异	反向	可疑	
养老保险	47.8484	36.4754	5.4303	10.0410	0.2049	0.0000	魅力型
医疗保险	37.3975	33.1967	18.2377	10.8607	0.3074	0.0000	魅力型
失业保险	36.4754	39.6516	13.9344	9.8361	0.1025	0.0000	期望型
住房保障	44.3648	32.8893	8.6066	13.8320	0.2049	0.1025	魅力型
子女教育	17.6230	36.6803	26.4344	19.1598	0.1025	0.0000	期望型
职业培训	30.2254	38.5246	14.2418	15.8811	0.6148	0.5123	期望型
公共文化	46.7213	21.9262	18.2377	12.7049	0.4098	0.0000	魅力型
市政设施	40.7787	32.8893	13.2172	12.7049	0.3074	0.1025	魅力型
一般行政服务	24.3852	21.9262	24.8975	28.2787	0.3074	0.2049	无差异

基于 KANO 模型的需求识别结果，可得主要结论如下：

一是农业转移人口的市民化意愿影响其对城镇主要公共服务的需求识别结果。如表 3-11 所示，农业转移人口对城镇主要公共服务的需求多为魅力型需求和期望型需求，并没有必备型需求。已有实证研究显示，尽管社会保障、住房保障等城镇公共服务在推进农业转移人口市民化进程中发挥着重要作用，但农业转移人口享有城镇公共服务水平普遍不高。[①] 出于返乡养老、收入压力等种种原因，农业转移人口的返乡意愿较明显，这在很大程度上影响着其对城镇主要公共服务的需求识别结果，而这也从一个侧面印证农业转移人口对城镇经济社会的融入程度有待提升。

二是相比于社会保障，农业转移人口随迁子女教育需求更为明显。如表 3-11 所示，子女教育属于期望型需求。按照顾客满意度理论，顾客满意度与此类公共服务的需求满足程度成比例关系。结合对城镇主要公共服务的需求和满意度排序，农业转移人口的基础教育需求程度相对较低，但满意度相对较高。如前所述，这应该与近年来各地不断完善以居住证为主要依据的随迁子女入学政策、将农业转移人口随迁子女基础

---

① 叶鹏飞（2011）的研究同样显示，社会保障对农业转移人口定居意愿的影响并不显著，这在一定程度上受制于农业转移人口社会保障水平偏低。

教育纳入公共财政保障范围等政策相关。尽管农业转移人口对城镇经济社会的融入程度相对偏低，但一系列利好政策的实施使得农业转移人口随迁子女享有基础教育的机会大大提升，促使其更关注随迁子女教育，这在一定程度上影响其需求识别结果。

三是农业转移人口更为关注与短期收入提升密切相关的公共服务。如表3-11所示，失业保险和职业培训均属期望型需求。基于问卷调查，这意味着较多的被调查者将更喜欢政府为其提供更高水平的失业保险和职业培训，反之则很不喜欢。相较于养老保险和医疗保险，失业保险对于提升农业转移人口就业稳定性及其自身福利水平具有显著正向影响，而职业培训对于提升农业转移人口收入水平具有显著正向影响。[①]如前所述，对以追求收入提升为目的的农业转移人口而言，失业保险和职业培训的需求更为明显。

3.3 本章小结

本章是农业转移人口市民化进程中地方政府财政激励的现状分析部分。主要内容及研究结论有三：

一是市民化进程中地方政府财政激励的政策梳理。基于对我国推进农业转移人口市民化历史进程的描述，选取典型省份，梳理地方政府财政收入激励和公共服务供给保障的典型做法，勾勒出当前市民化进程中我国地方政府财政激励的总体框架。地方政府财政收入激励机制包括农业转移人口市民化奖励机制以及与市民化挂钩的财力性转移支付、县级基本财力保障以及转移支付动态调整制度等；地方政府公共服务供给保障机制包括社会保障、随迁子女教育、就业和住房保障等城镇公共服务的供给保障机制。

二是基于微观调查数据，量化农业转移人口市民化意愿。调查数据显示，追求收入的提升依然是农业转移人口外出务工的主要动因。农业转移人口市民化意愿受居民年龄、家庭人均收入等个人及家庭经济社会特征的影响，但受教育程度与人均耕地面积等因素没有对市民化意愿产

---

① 李练军：《新生代农民工市民化政策满意度及影响因素》，载于《华南农业大学学报：社会科学版》2016年第3期，第47~53页。

生显著意愿。相比于个人及家庭经济社会特征，外出务工地理特征和务工地公共服务参与程度更为明显的与农业转移人口市民化意愿产生正相关关系，推进城镇公共服务向农业转移人口的覆盖与保障，是推动农业转移人口市民化的关键所在。

三是基于微观调查数据，完成农业转移人口的城镇公共服务需求识别。由于农业转移人口市民化意愿与其城镇公共服务享有呈现明显正相关关系，确保城镇公共服务向农业转移人口的覆盖与保障，是推动农业转移人口市民化的关键所在，因此有必要进一步实现对市民化进程中农业转移人口公共服务的需求识别。基于农业转移人口的公共服务需求和满意度排序，可得结论如下：一是社会保障类需求依然是农业转移人口对城镇公共服务的首要需求，且农业转移人口的公共服务需求受到返乡意愿的影响；二是农业转移人口的城镇公共服务满意度总体偏低，但对基础教育的满意度相对较高。基于KANO模型的需求识别结果显示，农业转移人口的市民化意愿影响其对城镇主要公共服务的需求识别结果，农业转移人口对城镇主要公共服务的需求多为魅力型需求和期望型需求，并没有必备型需求，这可能受农业转移人口返乡意愿的影响。同时，农业转移人口更为关注与短期收入提升密切相关的公共服务，如失业保险和职业培训等。

第4章 农业转移人口市民化与城镇公共服务供给的交互效应分析

本章主要研究目的是验证农业转移人口市民化与地方公共服务供给的交互效应。主要内容如下：以住房保障这一城镇公共服务为例，构建计量模型，进一步量化农业转移人口市民化与地方公共服务供给之间的互动关系。具体包括：①基于宏观统计数据，构建面板数据模型，探讨农业转移人口市民化对地方政府住房保障供给能力的影响；②结合微观调查数据，构建回归模型，验证住房保障对农业转移人口市民化的影响。

4.1 市民化与地方政府住房保障供给能力的文献梳理

基于3.2部分的研究结论，尽管社会保障、住房保障等城镇公共服务在推进农业转移人口市民化进程中发挥着重要作用，但农业转移人口享有城镇公共服务水平普遍不高。同时，出于返乡养老、收入压力等种种原因，农业转移人口的返乡意愿较明显，这在很大程度上限制着其对城镇主要公共服务的需求。这从一个侧面印证了农业转移人口市民化与地方公共服务之间可能存在一定的互动关系。为进一步量化市民化与地方公共服务供给之间的互动关系，我们以住房保障公共服务为例，基于统计数据与微观调查数据，进一步展开实证检验。这契合了2024年《中共中央国务院关于学习运用"千村示范、万村整治"工程经验有力有效推进乡村全面振兴的意见》中提到的"鼓励有条件的县（市、区）将城镇常住人口全部纳入住房保障政策范围"。

按照马斯洛的需求层次理论，住房需求是关乎农业转移人口衣食住行的基本需求。张鹏等[①]、王桂新等[②]的研究均显示，住房保障公共服务与农业转移人口市民化意愿呈现显著正相关关系。然而，基于3.2部分的研究结论，农业转移人口对住房保障的需求排序为第六位，基于KANO模型的需求识别结果为魅力型需求，即这类需求无法得到满足时并不会出现明显不满。如前所述，这可能与农业转移人口享有的住房保障水平相对偏低有一定的关系。一方面，较低的住房保障在一定程度上提升了农业转移人口的返乡意愿；另一方面，返乡意愿又在一定程度上限制了农业转移人口对城镇公共服务的需求与地方政府的公共服务供给，阻碍市民化进程的推进。

参考已有研究，一些学者关注农业转移人口市民化与地方住房保障供给之间的关系。普遍认为，农业转移人口市民化对地方住房保障供给能力提出新的挑战，有可能改变地方政府在住房保障方面的财政支出水平。

一类研究探讨市民化在促进经济增长的同时，对地方政府公共服务领域财政支出的影响。赵领娣等（2013）的研究表明，人口集聚对民生类公共服务供给规模产生负向影响，地方政府对于以人口集聚带来的民生类公共服务需求应对滞后。此外，大量研究量化市民化过程中地方政府住房保障服务成本，例如王志章等[③]认为农业转移人口增加的住房保障成本人均约为28240元，段靖等针对甘肃省的测算结果为人均20140.8元[④]。这均意味着市民化必然催生地方住房保障支出的增加。

另一类研究则关注地方政府的住房保障供给在推进农业转移人口市民化进程中的作用。普遍认为，当前农业转移人口享有的住房保障水平偏低，而大量研究也证实，包括住房保障在内的公共服务供给对于提升农业转移人口的心理认同、推动农业转移人口市民化具有积极作用。王

[①] 张鹏、郝宇彪、陈卫民：《幸福感、社会融合对户籍迁入城市意愿的影响——基于2011年四省市外来人口微观调查数据的经验分析》，载于《经济评论》2014年第1期，第60~71页。

[②] 王桂新、胡健：《城市农民工社会保障与市民化意愿》，载于《人口学刊》2015年第6期，第45~55页。

[③] 王志章、韩佳丽：《农业转移人口市民化的公共服务成本测算及分摊机制研究》，载于《中国软科学》2015年第10期，第106~115页。

[④] 段靖、马燕玲：《市民化成本测算方法分析与比较》，载于《地方财政研究》2017年第10期，第84~89、112页。

子成等（2020）的研究显示，住房保障是流动人口融入城市、实现市民化的关键问题，且不同住房实现模式在推进农业转移人口市民化进程中的作用存在差别；祝仲坤（2020）以新生代农民工为研究对象，验证了保障性住房与其城市居留意愿之间的显著正向关系，以及保障性住房对新生代农民工城市居留意愿的代际差异；付诗淇的研究证实新生代农民工对住房保障政策的了解程度存在性别差异，进而对市民化意愿产生影响[1]。

基于此，本章试图基于上述两个方面验证农业转移人口市民化与住房保障供给之间的关系，也即农业转移人口市民化与住房保障供给的交互效应。具体而言：一是基于宏观统计数据，构建面板数据模型，探讨农业转移人口市民化对地方政府住房保障供给能力的影响；二是结合微观调查数据，构建回归模型，验证住房保障对农业转移人口市民化的影响。

4.2 市民化影响地方政府住房保障供给能力的实证检验

4.2.1 模型构建与指标选取

如前所述，农业转移人口市民化进程对地方住房保障供给能力提出新的挑战，有可能改变地方政府在住房保障方面的财政支出水平，以及住房保障供给能力。一些实证研究验证农业转移人口市民化在促进居民收入提高、消费和内需增长、产业结构升级以及推动经济增长等方面的积极作用（胡秋阳，2012），而地区经济增长又将在一定程度上影响地方政府在民生领域的财政支出[2]，因此市民化水平在一定程度上对地方政府住房保障供给产生积极影响。与此同时，一些实证研究则给出不同

---

[1] 付诗淇：《基于性别的新生代农民工市民化意愿研究》，载于《浙江农业科学》2014年第7期，第1121~1123页。

[2] 国务院发展研究中心本文组：《中国民生调查研究报告2015》，中国发展出版社2016年版。

的结论。欧阳华生等采用空间滞后模型对31个省、自治区和直辖市的相关数据进行分析,结果表明城镇化率每提高1个单位,住房保障财政供给水平即住房保障财政支出占财政支出比例会下降0.263个单位。[①] 这表明,尽管农业转移人口市民化进程可能会对地方住房保障供给能力产生影响,但这种影响是正向还是负向的,相关实证研究的结论不一。同时,现有市民化影响农业转移人口住房保障的定量研究,大多以市民化人数乘以单位住房成本测算地方政府住房保障供给成本。本章将基于财政承受能力的研究视角,构建面板模型探讨市民化对地方政府住房保障供给能力的影响。

为此,我们将构建模型,验证农业转移人口市民化进程对地方政府住房保障供给能力的影响。一般认为,当前我国农业转移人口住房保障仍存在供求失衡问题,而地方政府的财力保障是农民工住房保障供给能力提升的关键要素。基于此,以地方政府住房保障供给能力作为被解释变量,以地方财政住房保障支出占地方财政一般预算支出的比重衡量地方政府住房保障供给能力。选取市民化作为核心解释变量。参考常见做法,以人口城镇化率表示,以某一地区城镇常住人口占总常住人口的比例计算得来。构建农业转移人口市民化进程中住房保障供给能力影响因素的面板数据模型,即模型(4.1),以公式表达如下:

$$HS_{it} = \alpha_0 + \beta_0 CITY_{it} + \gamma_0 Z_{it} + \varepsilon_{it} + \mu_\iota \quad (4.1)$$

模型中,i表示各省(自治区、直辖市),t表示时间变量;α_0为截距项;HS代表地方政府住房保障供给能力;CITY为核心解释变量,代表人口城镇化率;Z为控制变量;ε为无法观测到的随机误差项,μ_ι表示地区异质性的截距项。

参照前人做法,基于经济、社会和政策层面,选取控制变量如下:经济层面,选取人均GDP、住宅商品房平均销售价格作为控制变量;社会层面,选取城市人口密度、城镇恩格尔系数作为控制变量;政策层面,选取地方政府社会保障水平、财政自主度作为控制变量。前者以地方财政社会保障和就业支出占地方财政一般预算支出的比例衡量,后者以地方财政一般预算收入占地方财政一般预算支出的比重测算。

考虑到2019年后疫情冲击以及近年来房地产调控政策的频繁变动,

---

① 欧阳华生、黄智聪:《区域间经济发展、城镇化与住房保障财政供给——基于空间计量模型框架的实证研究》,载于《财贸经济》2014年第6期,第5~13页。

对数据连续性的影响，选取249个地市级城市2007~2018年数据。其中，为消除通货膨胀的影响，保证价格的可比性，以2007年人均GDP和住宅商品房平均销售价格为基期，运用居民消费价格指数（CPI）对其进行了平减处理。相关指标描述性统计见表4-1。

表4-1　　　　　　　　　　指标描述性统计

变量类型	指标名称	平均值	最大值	最小值	标准差
因变量	地方住房保障供给能力	0.04	0.14	0.004	0.019
核心解释变量	人口城镇化率	0.56	0.906	0.227	0.154
控制变量	人均GDP（元）	46430.6	105616	16413	21132.9
	住宅商品房平均销售价格（元/平方米）	6706.85	2540	3158.1	3980.9
	城市人口密度（人/平方千米）	2917	6021	515	1185.5
	恩格尔系数	0.435	0.529	0.211	0.052
	地方政府社会保障能力	0.161	0.25	0.072	0.028
	财政自主度	0.518	0.911	0.072	0.204

注：相关数据均来自各省（自治区、直辖市）统计局的官网。

4.2.2　回归结果分析

为了消除数据的波动性，本书对所有变量均作了取对数处理。模型估计详细结果见表4-2。

表4-2　　　　　　　　　　模型一回归结果

变量（对数）	模型1-1	模型1-2	模型1-3	模型1-4
人口城镇化率	0.3745 (1.4653)	-0.2312 (-0.2700)	-3.4659*** (-3.2000)	-4.3728*** (-2.6400)
人均GDP	-0.9460** (-3.2513)	-0.2640 (-1.5700)	2.3844** (2.5500)	3.1922*** (5.1300)

续表

变量（对数）	模型1-1	模型1-2	模型1-3	模型1-4
住宅商品房平均销售价格	-0.2748 (-0.4847)	0.0120 (0.3840)	1.3647** (2.4700)	1.1900*** (2.2376)
城市人口密度	-0.3983 (-1.936)	0.2010 (0.2430)	-0.0352 (-0.4000)	0.2718 (0.2890)
恩格尔系数	-0.4539 (-2.4774)	-1.4763 (-1.3846)	0.2398 (1.1100)	0.0450 (0.1300)
地方政府社会保障能力	-0.4746 (-0.3746)	0.1038 (0.6482)	0.0200 (0.0700)	0.0090 (0.0300)
财政自主度	-0.8561*** (-3.4765)	-0.2530** (-3.0450)	-1.3260** (-2.8200)	-1.3620*** (-4.388)
常数项	5.4840** (1.3720)	0.1839 (0.1386)	-22.3200*** (-4.2000)	-29.3744*** (-3.4738)
F统计量	6.9235			
Hausman检验	28.1274***			

注：括号内是z统计量值，*、**和***分别表示在10%、5%和1%的显著性水平上显著。模型1-1为混合回归模型，模型1-2为随机效应模型，模型1-3为固定效应模型，模型1-4为被解释变量为地方财政住房保障支出的固定效应模型，以验证城镇化率确实影响住房保障支出水平。

基于Hausman检验，选择使用模型1-3估计结果。模型1-3可以通过去除模型中地区效应以消除其与解释变量之间的相关关系，得到一致估计结果。基于模型回归结果可得如下结论：

一是我国农业转移人口市民化进程确实会对地方政府的住房保障供给力度产生较大压力。基于模型1-3回归结果，人口城镇化率与地方住房保障供给能力显著负相关。在其他条件不变的情况下，人口城镇化率每提高1个百分点，地方住房保障供给能力就会下降3.46个百分点，这表明当前我国农民工市民化进程确实会对地方政府的住房保障供给力度产生较大压力。究其原因，可能在于忽略了地方政府财力不足的状况，因而在实际中市民化水平的提高会对住房保障财政支出带来压力，住房保障支出会呈下降趋势。

二是地区经济发展有利于带动地方住房保障供给。基于模型 1-3 的回归结果显示，人均 GDP、住宅商品房销售价格与地方住房保障供给显著正相关。人均 GDP 每提高 1 个百分点，住房保障供给能力将上升 2.3844 个百分点；住宅商品房销售价格每提高 1 个百分点，住房保障供给能力将上升 1.3647 个百分点。这说明随着经济发展水平不断提高以及越来越多居民被排斥在住房市场之外，政府会将更多的财力投入到住房保障体系建设中来。某种意义上讲，这标志着我国政府职能正在向"服务型"政府转变。

三是住房保障的财政压力有可能弱化地方政府在完善农业转移人口住房保障中的积极性。基于模型 1-3 的回归结果显示，地方政府的财政自给能力与地方住房保障力度负相关。地方政府的财政自给能力每提高 1 个百分点，住房保障供给能力将下降 1.326 个百分点。这意味着，财政自给能力提升并没有带动地方政府住房保障供给能力。究其原因，地方政府在完善农业转移人口住房保障，推进农业转移人口市民化进程中缺乏一定的积极性。完善住房保障推进农业转移人口市民化，可能更多是出于执行上级政府政策的需要，促进农业转移人口市民化的地方政府财政激励依然有一定提升空间。

4.3 地方政府住房保障供给影响市民化进程的实证检验

4.3.1 模型构建与指标选取

大量国内文献探讨农业转移人口住房保障问题，研究成果较为丰富。学者普遍认同，将农业转移人口纳入住房保障范围是政府义不容辞的责任（贾康等，2007；李恩平，2015）。较早的研究以定性分析方式探讨不同农业转移人口住房保障的制度设计（刘双良，2010；赵晔琴，2008；吕萍等，2012），并普遍认为存在住房保障水平偏低、保障效果有待提升等问题。多数学者认同，住房保障供给不足，难以满足农业转移人口需求是当前农业转移人口住房保障制度存在的主要问题，而户籍制度阻碍、政府政策倾向以及制度设计不合理等是导致农业转移人口住房保障供给不足的主要原因（钱小利，2012；何炤华等，2013；孟星，2016）。

相关实证研究也关注住房保障对农业转移人口市民化的影响。郑思齐等（2009；2011）指出居住环境会影响农业转移人口的产出增长速度，从而影响其对经济增长的贡献程度；李祥等（2012）量化房价上涨对第二产业、第三产业的挤出效应，并提出为避免产业空心化必须完善劳动群体的住房保障制度。同时，在相关研究中学者也指出，农业转移人口的心理认同是反映农业转移人口市民化本质的深层次内涵（王桂新等，2008）。陈章喜（2013）、祝仲坤（2017）、罗丞（2017）等的实证研究均表明，住房保障对推进我国城镇化进程、增强农业转移人口社会融入意愿具有显著影响。

基于此，本部分拟在模型（4.1）的基础上，结合微观调查数据，验证住房保障对农业转移人口市民化的影响。具体而言，构建模型（4.2），采用基于截面数据的 OLS 分析来研究住房保障满意度对农业转移人口城市心理融入度的影响，其公式表达如下：

$$H_i = \alpha HSH_i + \beta Z_i + \varepsilon_i \qquad (4.2)$$

其中，H_i 表示第 i 个个体的城市心理融入度，HSH_i 表示第 i 个个体的住房保障满意度，Z_i 表示控制变量，ε_i 为随机扰动项。相关数据源于中国人民大学中国调查与数据中心 2015 年的中国综合社会综合调查数据（以下简称"CGSS"）。[①]

模型（4.2）的被解释变量为城市心理融入度。文献梳理发现，多数研究选取留城意愿、市民化能力等衡量农业转移人口市民化进程，较少关注农业转移人口心理融入需求。与此同时，大量文献也认同，农业转移人口对城市社会的心理融入是推进市民化进程的关键所在，但相关实证研究并不多。为此，选取农业转移人口的城市心理融入度作为被解释变量，反映农业转移人口市民化进程。以问卷数据中被调查个体的社会态度衡量该群体的城市心理融入度。借鉴张斐[②]确定权重的方法，赋

---

① 该调查的调查范围涵盖整个中国大陆，涉及层次广。考虑到研究对象为农业转移人口，本书选取现居住地点在城市、户口类型为农业户口、目前从事非农业工作两年及以上的个体，在此基础上，筛选去掉从事任何以经济为目的工作、不适用、无法回答的个体，共得到 669 个有效个体。

② 张斐：《新生代农民工市民化现状及影响因素分析》，载于《人口研究》2011 年第 6 期，第 100～109 页。

予每个子指标 0.25 权重,进而确定每个个体的心理融入度。衡量指标见表 4-3。

表 4-3　城市心理融入度指标体系及定义

因变量	子指标	赋值
心理融入度 H (= 0.25 × S1 + 0.25 × S2 + 0.25 × S3 + 0.25 × S4, 1 = 非常不认同, 2 = 比较不认同, 3 = 一般认同, 4 = 比较认同, 5 = 非常认同)	S1 您觉得社会上绝大部分人是值得信任的吗	非常不同意 = 1,比较不同意 = 2,说不上同意不同意 = 3,比较同意 = 4,非常同意 = 5
	S2 您觉得社会上绝大部分人会想占您小便宜吗	非常同意 = 1,比较同意 = 2,说不上同意不同意 = 3,比较不同意 = 4,非常不同意 = 5
	S3 您觉得社会公平吗	非常不公平 = 1,比较不公平 = 2,说不上公平不公平 = 3,比较公平 = 4,非常公平 = 5
	S4 您觉得生活幸福吗	非常不幸福 = 1,比较不幸福 = 2,说不上幸福不幸福 = 3,比较幸福 = 4,非常幸福 = 5

模型 (4.2) 的核心解释变量为住房保障满意度。基于需求视角,以住房保障满意度反映农业转移人口住房保障供给水平。以问卷中"您对政府提供的住房保障满意度"相关数据衡量农业转移人口个体住房保障满意度,分值为 0~100。

控制变量。分别从个人家庭、住房、工作以及制度等层面选取控制变量。其中,个人与家庭特征,包括年龄、性别、受教育程度和是否与家人同住。住房特征,包括住房面积和住房产权性质。工作特征,包括个人收入水平以及单位性质。制度特征,从社会保障制度层面予以考虑,以是否缴纳医疗保险或者养老保险为控制变量。

指标赋值与变量描述见表 4-4。

表 4-4　指标赋值与变量描述

指标名称	指标赋值	平均值	标准差
心理融入度		3.39	0.67
住房保障满意度	实际住房保障满意度	61.12	21.1
个人与家庭特征			
年龄	实际年龄	39.24	11.66

续表

指标名称	指标赋值	平均值	标准差
性别	男=1，女=0	0.55	0.5
是否与家人同住	是=1，否=0	0.86	0.34
受教育程度 （以小学及以下为参照）			
初中	初中=1，其余=0	0.41	0.49
高中、中专及技校	高中、中专及技校=1，其余=0	0.22	0.42
大专及以上	大专及以上=1，其余=0	0.14	0.35
住房特征			
住房面积	实际住房面积	99.78	74.73
住房产权性质	自有=1，其余=0	0.43	0.49
工作特征			
个人收入水平	实际个人收入水平对数形式	10.31	0.85
单位性质 （以机关、企事业单位为参照）			
私营企业	私营企业=1，其余=0	0.33	0.47
外资、合资企业	外资企业=1，其余=0	0.02	0.15
个体工商户	个体工商户=1，其余=0	0.22	0.41
其他 （自由职业者、零工或散工等）	其他=1，其余=0	0.33	0.47
制度特征			
是否缴纳养老保险或医疗保险	是=1，否=0	0.87	0.33

资料来源：CGSS 调查数据。

4.3.2 回归结果分析

在模型（4.2）中，依次加入个人和家庭特征、住房特征、工作特征以及制度特征，形成模型 2-1 至模型 2-5，结合微观调查数据，完成回归估计，具体结果见表 4-5。

表4-5　　　　　　　模型（4.2）回归结果

变量	模型2-1	模型2-2	模型2-3	模型2-4	模型2-5
住房保障满意度	0.00665*** (0.0011)	0.00673*** (0.0011)	0.00634*** (0.0011)	0.00608*** (0.0011)	0.00589*** (0.0011)
年龄	0.000140 (0.0020)	0.00363 (0.0023)	0.00292 (0.0024)	0.00299 (0.0025)	0.00268 (0.0025)
与家人同住	0.0993 (0.0692)	0.0928 (0.0693)	0.0616 (0.0706)	0.0503 (0.0705)	0.0127 (0.0718)
大专及以上		0.290** (0.0901)	0.291** (0.0899)	0.208* (0.0935)	0.207* (0.0932)
住房面积			0.000563 (0.0003)	0.000598 (0.0003)	0.000578 (0.0003)
自有住房			0.0542 (0.0518)	0.0403 (0.0520)	0.0325 (0.0519)
个人收入水平（对数形式）			0.0246 (0.0298)	0.0210 (0.0297)	
私营企业				-0.260** (0.0840)	-0.250** (0.0838)
个体工商户				-0.228* (0.0904)	-0.222* (0.0901)
外资、合资企业				-0.0636 (0.1694)	-0.0442 (0.1689)
其他				-0.258** (0.0865)	-0.249** (0.0863)
缴纳养老或医疗保险					0.182* (0.0719)
_cons	2.771*** (0.1121)	2.549*** (0.1405)	2.550*** (0.1428)	2.569*** (0.3561)	2.493*** (0.3559)
N	669	669	669	669	669
adj. R-sq	0.0515	0.0635	0.0679	0.0776	0.0852

注：（1）由于篇幅所限，省略一些没有通过显著性检验的变量；（2）括号内是z统计量值，*、**和***分别表示在10%、5%和1%的显著性水平上显著。

基于农业转移人口心理融入度模型，在逐渐加入个人和家庭特征、住房特征、工作特征和制度特征后，住房保障满意度影响农业转移人口心理融入度的方向和显著性均未发生变化，因此可得主要结论如下：

一是住房保障供给对推进农业转移人口市民化具有显著正向作用。基于模型（4.2）的回归结果，在逐渐加入个人和家庭特征、住房特征、工作特征和制度特征后，住房保障满意度影响农业转移人口心理融入度的方向和显著性均没有发生改变。这表明，农业转移人口住房保障满意度的提升，有利于实现农业转移人口对城市的心理融入度，有利于推进农业转移人口市民化进程。

二是住房保障供给中不一定强调房屋所有权归属。基于模型（4.2）的回归结果，是否拥有住房产权并没有显著提高农业转移人口的心理融入度。住房特征中，住房面积和是否拥有住房产权的回归系数为正，但是不显著，表明住房面积和是否拥有住房产权并没有显著地提升农业转移人口的城市心理融入度，而是起到微弱的促进作用。这意味着地方政府在完善农业转移人口的住房保障供给时，不一定强调目标群体住房产权归属，可以考虑通过廉租房制度为农业转移人口提供基本的住房保障。

三是除住房保障外，对城镇社会保障制度的参与情况、受教育程度等对推进农业转移人口市民化具有正向作用。这表明：一方面，参与城镇社会保障制度，缩小农业转移人口群体与城市居民的福利差距，有利于提高农业转移人口的城市心理融入度；另一方面，具有大专及以上学历的农业转移人口更容易从心理上融入社会。这与其收入水平提升和认知能力提升具有直接关系，因此，通过职业技能培训，提高农业转移人口职业技能，应该有利于推动市民化进程。

此外，收入的提高和工作的稳定性，有利于推进农业转移人口市民化进程。基于模型（4.2）的回归结果，机关企事业单位最能提高农业转移人口的心理融入度。究其原因，收入的提高、工作的稳定性更容易增加农业转移人口对城市生活的心理融入程度。这也从一个侧面印证3.2部分的结论，对以追求收入提升为目的的农业转移人口而言，失业保险的需求更为明显，而工作的稳定性有利于推进农业转移人口市民化进程。

4.4 本章小结

本章是在第 3 章基础上的实证检验，旨在量化农业转移人口市民化与地方公共服务供给之间的互动关系。基于第 3 章的研究结论，尽管城镇公共服务在推进农业转移人口市民化中发挥着重要作用，但农业转移人口享有城镇公共服务水平普遍不高，在一定程度上催生其返乡意愿，而后者又在很大程度上限制着其对城镇主要公共服务的需求。以住房保障为例，尽管住房需求是关乎衣食住行的基本需求，但基于 KANO 模型的公共服务需求识别结果为魅力型需求。因此可能存在如下交互效应：一方面是较低的住房保障在一定程度上催生农业转移人口的返乡意愿；另一方面是返乡意愿在一定程度上限制了农业转移人口对城镇公共服务的需求与地方政府的公共服务供给，阻碍市民化进程的推进。为进一步验证这一结论，本章构建理论模型验证农业转移人口市民化与城镇公共服务保障供给的交互效应。主要研究结论有二：

一是基于宏观统计数据，构建面板数据模型，探讨农业转移人口市民化对地方政府住房保障供给能力的影响。结果显示，我国农业转移人口市民化进程确实会对地方政府的住房保障供给力度产生较大压力，而地区经济发展有利于推动地方政府住房保障，但地方政府在推进住房保障的过程中缺乏一定的主动性，促进农业转移人口市民化的地方政府财政激励依然有一定的提升空间。

二是结合微观调查数据，构建回归模型，验证住房保障对农业转移人口市民化的影响。以农业转移人口心理融入度为被解释变量的实证模型显示：住房保障满意度对农业转移人口心理融入度具有正向作用。基于模型（4.2）的回归结果，在逐渐加入个人和家庭特征、住房特征、工作特征和制度特征后，住房保障满意度影响农业转移人口心理融入度的方向和显著性均没有发生改变。这表明，农业转移人口住房保障满意度的提升，有利于提升农业转移人口对城市的心理融入度，有利于推进农业转移人口市民化进程。同时，住房保障供给中不一定强调房屋所有权归属。除住房保障外，社会保障制度、工作特征中的单位性质会显著影响农业转移人口市民化进程。

第5章 农业转移人口市民化进程中的地方政府财政激励效果测评

本章主要内容如下：构建面板数据模型，基于我国249个地市级城市2007~2018年数据，量化地方辖区人口规模变动对地方政府公共服务供给成本的影响，并侧重考察2016年以来相关激励政策的激励效果。

5.1 模型构建与指标选取

基于第3章和第4章的研究结论，推进城镇公共服务向农业转移人口的覆盖与保障是农业转移人口市民化的关键所在。农业转移人口的城镇公共服务需求与满意度均相对偏低，且存在市民化与城镇公共服务供给的交互效应：一方面较低的住房保障在一定程度上催生农业转移人口的返乡意愿；另一方面返乡意愿在一定程度上限制了农业转移人口对城镇公共服务的需求与地方政府的公共服务供给。

基于第2章的理论分析，城镇公共服务供给水平的提升必然改变地方政府的财政成本，带来地方政府财政压力。农业转移人口市民化进程中，地方政府承担诸如随迁子女教育、养老和医疗保险、住房保障、就业培训等公共服务的供给成本。推进上述城镇公共服务向农业转移人口的覆盖与保障，带给地方政府财政成本究竟是多少，我国近年来出台的一系列财政激励措施效果如何，成为本章关注的焦点问题。

基于1.3.1部分的文献梳理，现有农业转移人口市民化的公共服务供给成本测算大多采用分类计算后加总的方式，计算各项公共服务的人均支出与总支出。事实上，伴随农业转移人口市民化进程，地方公共服务供给成本并非线性增长。大量研究验证人口规模增加影响地方公共服务供给水平的拥挤效应，这是地方政府公共服务供给成本测算中不能忽视的；同时，以分类计算后加总方法反映地方政府公共服务供给成本也难以囊括地方政府全部的公共服务供给成本。农业转移人口市民化对地方政府公共服务供给成本的影响不限于上述典型公共服务，它同样带来一般行政服务、公共安全、公共卫生等项目的同步增加。

考虑上述因素，本书尝试借鉴鲍彻迪、迪肯（Bercherdin and Deacon, 1972）和博格斯祝姆、古德曼（Berstrom and Goodman, 1973）的做法构建计量模型，以人口规模为核心解释变量，以地方政府人均公共支出为被解释变量，构建面板数据模型，基于我国249个地市级城市2007~2018年数据[①]，量化市民化带来的人口规模增加对地方政府人均公共支出的影响。同时，如3.1部分所述，近年来为平衡市民化进程中地方政府的财政收益与成本，我国先后出台了一系列财政收入激励政策，包括构建市民化奖励机制、建立与市民化挂钩的财力性转移支付等，这在一定程度上促成地方政府公共服务供给保障机制的不断健全，为此模型侧重考察2016年相关激励政策的出台是否使上述影响产生波动变化。考虑到本书对地方政府在推进市民化进程中责任主体的基本假定以及数据的可得性，选取我国249个地市级城市2007~2018年数据，展开实证研究。

5.1.1　模型构建

基于1.3.2部分的文献梳理，BD – BG模型以中间投票人理论为基础，是较早量化人口迁移与地方公共服务供给成本的数理模型。[②] 模型探讨人口迁移影响辖区内居民分摊的公共服务价格（税收）及消费决策，改变投票结果和地方政府公共服务供给，将居民消费公共服务面临的拥挤函数定义为 $g(N) = N^\gamma$，进而量化人口迁移带来的人口规模 N 对地方政府公共服务供给的影响，γ 为反映人口规模弹性的常量。基于 BD – BG 模型的大量实证检验结果验证了公共服务供给成本与人口迁移之间

[①] 综合考虑2019年后新冠疫情冲击带来的数据波动，同时保持与4.2部分实证分析的一致性，在此依旧选取2007~2018年相关数据完成回归分析。

[②] 即Borcherding和Deacon（1972）、Bergstrom和Goodman（1973）在相关研究中构建的实证模型。

的关系（Holcombe and Sobel, 1995; Reiter and Weichenrieder, 2003; Josselin et al., 2009; Brunner and Ross, 2009）。其中，一些研究表明，因人口迁移、规模增加而产生明显的拥挤效应，带来地方政府公共服务供给成本的大幅上升。本节将在 BD – BG 模型的基础上，量化人口规模与地方人均公共支出的关系，进而反映市民化带来的人口规模增加对地方人均公共支出的影响。

假设，居民 i 在其效应最大化决策中存在预算约束，以公式表示为：

$$y_i = x_i + tb_i \quad (5.1)$$

其中，y_i 为居民收入，x_i 为其私人品消费支出，t 为辖区税率水平，b 为该居民的税基。

假定，地方政府提供公共服务存在预算约束，以公式表示为：

$$tB + S = pG \quad (5.2)$$

其中，B 表示总体税基，S 为政府上级补贴收入，p 为单位公共品的价格，G 为公共品供给量。

结合 2.3 部分的理论分析，绝大多数公共服务供给受到人口规模因素的影响，即在供给量不变的情况下，随着居民人数的增加，每个居民获得的服务水平或效用水平可能随之下降，也即公共服务供给的"拥挤效应"；随着居民人数的增加，每个居民因为公共服务消费而平均分担的成本呈现下降趋势，也即公共服务供给的"规模效应"。假设 q 为每个居民获得的公共服务水平（或实际人均供给量），以公式表示为：

$$q = q(G, N) \quad (5.3)$$

其中，N 表示辖区居民人数，即公共服务的消费人数；理论上，存在 $\frac{\partial q}{\partial G} > 0$ 及 $\frac{\partial q}{\partial N} < 0$。

假定 q 与 G 存在某种函数关系，以公式表示为：

$$q = g(N) \times G \quad (5.4)$$

其中，g(N) 为拥挤函数，反映人口增加对每个个人消费公共服务水平的影响，也即表征公共服务供给的"拥挤效应"或"规模效应"，且 $g' < 0$。

结合式（5.1）、式（5.2）和式（5.4），整理得：

$$y_i + \frac{bi}{B}S = x_i + c \times q \quad (5.5)$$

其中，$c = \dfrac{p \times b}{B \times g(N)}$ 表示单位公共服务每位居民的税收价格。设定人均税基 $b = \dfrac{B}{N}$，则居民人数 N 的增加对个人税收价格 c 的影响为：

$$\frac{\partial c}{\partial N} = -\frac{c}{N}(\zeta + 1) \tag{5.6}$$

其中，$\zeta = \dfrac{\partial q}{\partial N} \times \dfrac{N}{q}$ 为拥挤弹性，反映在公共服务数量不变下，辖区人口变化1%引起的居民获得的公共服务水平变化百分比。设 $\zeta = 0$ 为纯公共品，税收价格 c 为人口规模的减函数；若 $\zeta < 0$，则随着人口增加存在一定程度的拥挤；在 $\zeta < -1$ 时，拥挤效应大于规模效应；在 $-1 < \zeta < 0$ 时，则规模效应大于拥挤效应。由人均公共支出为 $e = p \times \dfrac{G}{N}$ 得：

$$e = \frac{p \times q}{g(N) \times N} \tag{5.7}$$

基于公式（5.6），税收价格 e 依赖于人口规模 N，则存在边际人口变化对人均公共支出的影响：

$$\frac{\partial e}{\partial N} = -\frac{e}{N}(\tau + 1)(\zeta + 1) \tag{5.8}$$

其中，$\tau = \dfrac{\partial q}{\partial c} \times \dfrac{c}{q}$，表示公共品需求的税收价格弹性。若公共服务拥挤程度高（$\zeta < -1$），人口增加导致个体税收价格提高，则人均公共支出依赖于价格弹性。此时，若公共服务需求非常具有弹性（$\tau < -1$），税收价格的增长将引起居民对公共服务需求及公共支出的大幅下降；而若需求无弹性（$\tau > -1$），税收价格增长将使人均公共支出增加。若公共服务有轻度拥挤（$-1 < \zeta < 0$），当 $\tau < -1$ 时，人口增加将导致人均公共支出增加；而当 $\tau > -1$ 时，人口增加将使人均公共支出减少。若 $\zeta = 0$，不存在拥挤效应，为纯公共品，人口增加将降低个体税收价格，此时公共支出的总体效应取决于需求的价格弹性。

进一步假设我国地方公共服务需求函数以公式表示为：

$$q = k \times c^{\tau} \times y^{\alpha} \tag{5.9}$$

其中，y 为人均收入，k、τ、α 分别为常数、价格弹性、收入弹性。由 $q = g(N) \times G$、$c = \dfrac{p \times b_i}{B \times g(N)}$ 和 $b = \dfrac{B}{N}$，且设个体税基等于辖区居民的平

均税基 $b_i = b$，则有人均公共支出水平决定函数：

$$e = \frac{pG}{N} = \frac{p}{Ng(N)} \times k \times \left[\frac{pb_i}{bNg(N)}\right] \tau \times y\alpha$$

$$= k \times [Ng(N)] - (\tau+1) \times p\tau + 1 \times y\alpha \quad (5.10)$$

两边取对数得下式：

$$\ln(e) = \ln(k) - (\tau+1)\ln[Ng(N)] + (\tau+1)\ln(p) + \alpha\ln(y) \quad (5.11)$$

此外，参考鲍彻迪、迪肯（1972）和博格斯祝姆、古德曼（1973）等的做法，为更准确衡量人均公共支出水平的影响因素，引入人均GDP、财政自给率、小学生在校生比和第三产业从业人数比等解释变量。设定拥挤函数为常弹性拥挤函数 $g(N) = N^\gamma$，$\zeta = \gamma^0$。将拥挤函数和以上考虑的影响因素代入式（5.11），得到如下面板数据模型：

$$\ln(e) = k' + \alpha[\ln(y)]_{it} + \beta[\ln(pergdp)]_{it} + (\tau+1)[\ln(p)]_{it}$$
$$+ \beta1[\ln(pri)]_{it} + \beta2[\ln(ind)]_{it} + \beta3[\ln(czzjrate)]_{it}$$
$$- (\tau+1)(\gamma0+1)[\ln(N)]_{it} + \mu_i + \lambda_t + \varepsilon_{it} \quad (5.12)$$

其中，i 表示地市、t 表示时间；μ 为个体效应，λ 为时间效应、ε 为随机误差项、pergdp 为人均 GDP、czzjrate 为财政自给率、ind 为第三产业从业人员比、pri 为小学生在校生比。

5.1.2 指标选取与数据说明

基于文献梳理，现有文献多以省级面板数据验证人口规模对公共服务供给的影响，为细化研究，本书选取 2007~2018 年全国 249 个地市的数据为样本完成实证检验。相关数据源自各年《中国城市统计年鉴》和各省市相关统计年鉴。人口 N 分别选取户籍人口和常住人口，以验证农业转移人口增加对地方政府人均公共支出的影响。居民收入 Y 的单位是元/年，由在岗职工平均工资代替；小学生在校生比 pri、第三产业从业人员比 ind 分别为中小学在校学生数与总人口之比、第三产业社会从业人数与全社会从业人数之比。考虑到各地区提供公共服务的供给成本（生产公共品的要素价格）不同，所以对于各地单位公共品价格 P，用各地消费价格指数（价格水平）表示。

考虑到近年来，特别是 2016 年以来，我国为推进农业转移人口市民化先后颁布若干政策，如《国民经济和社会发展第十三个五年规划纲要》《关于实施支持农业转移人口市民化若干财政政策的通知》《推动1亿非户籍人口在城市落户方案》《中央财政农业转移人口市民化奖励资金管理办法》等,考虑到政策变动前后人口规模对公共支出的影响不同,基于2007~2018年相关数据完成实证检验,即模型一。以此为基础,分别截取2007~2015年、2016~2018年相关数据进一步完成实证检验,即模型二和模型三,以对比分析政策颁布后市民化对地方政府公共服务供给成本的影响。为验证户籍人口与常住人口对地方政府公共服务供给影响的差别,以常住人口替代户籍人口为核心解释变量,分别以2007~2018年、2007~2015年、2016~2018年相关数据完成实证检验,即模型四、模型五、模型六。

模型一至模型三的相关变量描述性统计见表5-1。

表5-1　　　　　　　相关指标的描述性统计结果

	变量名	含义	观测数	均值	标准差	最小值	最大值
模型一	year	年份	2078	2013	3.129	2007	2018
	lne	人均公共支出	2078	1.826	0.681	-0.331	4.696
	lny	在岗职工平均工资	2078	10.69	0.397	9.406	11.92
	lnpergdp	人均GDP	2078	10.56	0.649	8.131	12.24
	lnind	第三产业从业比	2078	3.917	0.286	2.529	4.552
	lnczzjrate	财政自给率	2078	3.778	0.517	1.693	4.706
	lnpri	小学生在校生比	2078	-2.631	0.286	-3.796	-0.997
	lnp	消费价格指数	2078	4.630	0.0163	4.555	4.691
	lnN	户籍人口	2078	8.232	0.719	5.273	10.44
模型二	变量名	含义	观测数	均值	标准差	最小值	最大值
	year	年份	1462	2012	2.394	2007	2015
	lne	人均公共支出	1462	1.659	0.682	-0.331	4.597
	lny	在岗职工平均工资	1462	10.54	0.360	9.406	11.64
	lnpergdp	人均GDP	1462	10.44	0.664	8.131	12.24
	lnind	第三产业从业比	1462	3.905	0.294	2.529	4.552
	lnczzjrate	财政自给率	1462	3.814	0.517	1.693	4.706
	lnpri	小学生在校生比	1462	-2.628	0.281	-3.796	-0.997

续表

	变量名	含义	观测数	均值	标准差	最小值	最大值
模型二	lnp	消费价格指数	1462	4.633	0.0181	4.555	4.691
	lnN	户籍人口	1462	8.218	0.729	5.273	10.43
	变量名	含义	观测数	均值	标准差	最小值	最大值
模型三	year	年份	616	2017	0.780	2016	2018
	lne	人均公共支出	616	2.221	0.488	1.343	4.696
	lny	在岗职工平均工资	616	11.06	0.184	10.62	11.92
	lnpergdp	人均GDP	616	10.83	0.518	9.367	12.16
	lnind	第三产业从业比	616	3.946	0.266	2.884	4.500
	lnczzjrate	财政自给率	616	3.693	0.506	2.260	4.679
	lnpri	小学生在校生比	616	-2.636	0.298	-3.507	-1.001
	lnp	消费价格指数	616	4.622	0.00583	4.607	4.690
	lnN	户籍人口	616	8.267	0.694	5.324	10.44

模型一至模型三的相关指标与被解释变量的相关性分析见表5-2。

表5-2　　　　　　变量间相关性分析结果

变量	模型一 lne	模型二 lne	模型三 lne
lny	0.621*** (13.27)	0.675*** (11.06)	0.314*** (4.33)
lnpergdp	0.694*** (14.31)	0.786*** (13.75)	0.537*** (6.15)
lnind	-0.002 (-0.07)	0.016 (0.54)	0.050 (1.17)
lnczzjrate	-0.196*** (-4.21)	-0.368*** (-7.02)	-0.202*** (-3.71)
lnpri	-0.068 (-1.49)	0.059 (1.24)	0.164** (1.99)

续表

变量	模型一 lne	模型二 lne	模型三 lne
lnp	-1.003*** (-5.96)	-0.499*** (-3.01)	0.716* (1.76)
lnN	-0.410*** (-4.16)	-0.414*** (-3.81)	-0.742*** (-4.31)
Constant	-3.553*** (-3.18)	-6.446*** (-6.02)	-3.267 (-1.33)
Observations	2078	1462	616
Number of regi	249	226	239
R-squared	0.955	0.959	0.752
F test	0	0	0
r2_a	0.955	0.959	0.749
F	1431	1106	124.5

注：*、**和***分别表示在10%、5%和1%的显著性水平上显著。

模型四至模型六的相关变量描述性统计见表5-3。

表5-3　　模型四至模型六相关指标的描述性统计结果

	变量名	含义	观测数	均值	标准差	最小值	最大值
模型四	year	年份	2078	2013	3.129	2007	2018
	lne_2	人均公共支出	2078	1.829	0.583	-0.18	3.602
	lny	在岗职工平均工资	2078	10.69	0.397	9.406	11.92
	lnpergdp	人均GDP	2078	10.56	0.649	8.131	12.24
	lnind	第三产业从业比	2078	3.917	0.286	2.529	4.552
	lnczzjrate	财政自给率	2078	3.778	0.517	1.693	4.706
	$lnpri_2$	小学生在校生比	2078	-2.627	0.282	-3.469	-1.821
	lnp	消费价格指数	2078	4.63	0.0163	4.555	4.691
	lnN_2	户籍人口	2078	8.229	0.712	5.446	10.34

第5章 农业转移人口市民化进程中的地方政府财政激励效果测评

续表

	变量名	含义	观测数	均值	标准差	最小值	最大值
模型五	year	年份	1462	2012	2.394	2007	2015
	lne_2	人均公共支出	1462	1.661	0.583	-0.18	3.432
	lny	在岗职工平均工资	1462	10.54	0.36	9.406	11.64
	lnpergdp	人均GDP	1462	10.44	0.664	8.131	12.24
	lnind	第三产业从业比	1462	3.905	0.294	2.529	4.552
	lnczzjrate	财政自给率	1462	3.814	0.517	1.693	4.706
	$lnpri_2$	小学生在校生比	1462	-2.626	0.283	-3.469	-1.821
	lnp	消费价格指数	1462	4.633	0.0181	4.555	4.691
	lnN_2	户籍人口	1462	8.216	0.723	5.446	10.31
	变量名	含义	观测数	均值	标准差	最小值	最大值
模型六	year	年份	616	2017	0.78	2016	2018
	lne_2	人均公共支出	616	2.229	0.34	1.477	3.602
	lny	在岗职工平均工资	616	11.06	0.184	10.62	11.92
	lnpergdp	人均GDP	616	10.83	0.518	9.367	12.16
	lnind	第三产业从业比	616	3.946	0.266	2.884	4.5
	lnczzjrate	财政自给率	616	3.693	0.506	2.26	4.679
	$lnpri_2$	小学生在校生比	616	-2.629	0.278	-3.428	-2.078
	lnp	消费价格指数	616	4.622	0.00583	4.607	4.69
	lnN_2	户籍人口	616	8.259	0.685	5.505	10.34

模型四至模型六的相关指标与被解释变量的相关性分析见表5-4。

表5-4   模型四至模型六的变量间相关性分析结果

		lne_2	lny	lnpergdp	lnind	lnczzjrate	$lnpri_2$	lnp	lnN_2
模型四	lne_2	1							
	lny	0.870***	1						
	lnpergdp	0.770***	0.703***	1					
	lnind	-0.108***	-0.092***	-0.445***	1				

续表

		lne₂	lny	lnpergdp	lnind	lnczzjrate	lnpri₂	lnp	lnN₂
模型四	lnczzjrate	0.268***	0.248***	0.710***	-0.526***	1			
	lnpri₂	-0.400***	-0.300***	-0.479***	0.199***	-0.335***	1		
	lnp	-0.380***	-0.440***	-0.253***	0.055**	-0.01	0.097***	1	
	lnN₂	-0.119***	0.082***	0.024	0.040*	0.209***	-0.017	-0.016	1
		lne₂	lny	lnpergdp	lnind	lnczzj~e	lnpri₂	lnp	lnN₂
模型五	lne₂	1							
	lny	0.863***	1						
	lnpergdp	0.782***	0.733***	1					
	lnind	-0.188***	-0.209***	-0.485***	1				
	lnczzjrate	0.364***	0.404***	0.759***	-0.519***	1			
	lnpri₂	-0.485***	-0.426***	-0.566***	0.246***	-0.396***	1		
	lnp	-0.323***	-0.377***	-0.229***	0.087***	-0.070***	0.119***	1	
	lnN₂	-0.145***	0.069***	-0.003	0.054**	0.200***	-0.061**	-0.031	1
		lne₂	lny	lnpergdp	lnind	lnczzj~e	lnpri₂	lnp	lnN₂
模型六	lne₂	1							
	lny	0.680***	1						
	lnpergdp	0.631***	0.567***	1					
	lnind	-0.013	0.044	-0.474***	1				
	lnczzjrate	0.350***	0.411***	0.830***	-0.537***	1			
	lnpri₂	-0.325***	-0.184***	-0.289***	0.078*	-0.190***	1		
	lnp	0.132***	0.188***	0.149***	0.044	0.108***	0.023	1	
	lnN₂	-0.166***	0.163***	0.084***	-0.005	0.247***	0.100**	0.165***	1

注：*、** 和 *** 分别表示在10%、5%和1%的显著性水平上显著。

5.2 回归结果与主要结论

5.2.1 模型回归结果

基于上述分析，完成模型一至模型六的回归结果估计，结果见表5-5。

表5-5　　　　　　　　　模型一至模型六的回归结果

变量名	模型一 lne	模型二 lne	模型三 lne	模型四 lne₂	模型五 lne₂	模型六 lne₂
lny	0.621*** -13.27	0.675*** -11.06	0.314*** -4.33	0.615*** -11.83	0.681*** -10.28	0.298*** -4.07
lnpergdp	0.694*** -14.31	0.786*** -13.75	0.537*** -6.15	0.704*** -13.67	0.784*** -13.24	0.535*** -6.07
lnind	-0.002 (-0.07)	0.016 -0.54	0.05 -1.17	-0.015 (-0.46)	0.012 -0.38	0.057 -1.3
lnczzjrate	-0.196*** (-4.21)	-0.368*** (-7.02)	-0.202*** (-3.71)	-0.210*** (-4.46)	-0.385*** (-7.27)	-0.199*** (-3.65)
lnpri	-0.068 (-1.49)	0.059 -1.24	0.164** -1.99	-0.078* (-1.68)	0.028 -0.55	0.12 -1.31
lnp	-1.003*** (-5.96)	-0.499*** (-3.01)	0.716* -1.76	-1.003*** (-6.03)	-0.465*** (-2.86)	0.686* -1.67
lnN	-0.410*** (-4.16)	-0.414*** (-3.81)	-0.742*** (-4.31)	-0.383** (-2.57)	-0.372** (-2.35)	-0.403 (-1.60)
Constant	-3.553*** (-3.18)	-6.446*** (-6.02)	-3.267 (-1.33)	-3.740** (-2.57)	-6.986*** (-5.07)	-5.867** (-2.03)
Observations	2078	1462	616	2078	1462	616
R²	0.955	0.959	0.752	0.956	0.961	0.744
F检验	0	0	0	0	0	YES
r2_a	0.955	0.959	0.749	0.956	0.961	0
F	1431	1106	124.5	1833	1326	0.741

注：*、**、***分别表示在10%、5%和1%的显著性水平上显著。

基于模型回归结果，完成拥挤弹性测算，结果见表5-6。

表 5-6　　　　　　　　　　拥挤弹性测算结果

时间	户籍人口 ζ 拥挤弹性	户籍人口 τ 价格弹性	户籍人口 α 收入弹性	常住人口 ζ 拥挤弹性	常住人口 τ 价格弹性	常住人口 α 收入弹性
2007~2018 年	-1.409	-2.003	0.621	-1.382	-2.003	0.615
2007~2015 年	-1.830	-1.498	0.675	-1.8	-1.465	0.681
2016~2018 年	0.036	-0.284	0.314	-0.413	0.314	0.298

5.2.2 主要结论

基于表 5-5 和表 5-6 的回归结果，可得主要结论如下。

一是推进农业转移人口市民化带来地方公共支出压力。基于表 5-5，人口规模是影响地方公共服务供给水平的重要因素。模型一至模型五的回归结果均显示，人口规模 N 对地方人均公共支出产生显著影响，且模型一至模型五中回归系数均为负。根据模型回归结果，伴随人口规模增加，即使是常住人口的增加，地方人均公共支出也呈现下降趋势。这一结论进一步验证 2.3.1 部分的相关结论，人口规模增加带来公共服务供给成本的增加，影响市民化进程中的地方政府财政激励。

二是伴随市民化进程的推进，地方公共支出压力呈现非线性增长态势。如前，基于文献梳理，现有农业转移人口市民化的公共服务供给成本测算大多采用分类计算后加总的方式，这往往忽视了人口增加与公共服务供给成本的非线性增长关系。表 5-5 和表 5-6 的回归结果进一步验证了这种非线性增长关系。如表 5-6 所示，2007~2018 年间伴随户籍人口、常住人口的增加，地方公共服务供给的拥挤弹性分别为 -1.409 和 -1.382，也即户籍人口每增加 1 个百分点，会导致居民获得的公共服务水平下降 1.409 个百分点，常住人口每增加 1 个百分点，会导致居民获得的公共服务水平下降 1.382 个百分点。这意味着，伴随人口规模的增加，地方政府的人均公共支出并未呈现线性增长态势，存在公共服务供给的拥挤效应。

三是 2016 年以来相关财政激励措施在一定程度上调动了地方政府推进农业转移人口市民化的积极性。基于模型六的回归结果，2016~2018 年的常住人口 N 并没有对地方人均公共支出产生显著影响，同时表 5-6 的测算结果也显示，2016~2018 年的拥挤弹性测算结果明显小于 2007~2015 年，这意味着，相比 2016 年以前，2016 年之后人口规模增加对居民获得公共服务水平和地方公共支出水平的影响相对弱化。究其原因，可能是近年来相关财政激励措施在一定程度上调动了地方政府推进农业转移人口市民化的积极性。基于 3.1 部分的梳理，近年特别是 2016 年以来，我国相继出台一系列政策措施，调动地方政府推动农业转移人口市民化的积极性，构建起农业转移人口市民化的地方政府财政激励机制，这在一定程度上有利于减轻地方政府公共服务供给压力和公共支出压力。

四是 2016 年以来相关财政激励措施也存在一定的漏出效应。基于表 5-6 的测算结果，以户籍人口为解释变量的拥挤效应测算值与以常住人口为解释变量的拥挤效应测算值存在一定的差异。2007~2015 年间，户籍人口的拥挤效应测算值小于常住人口，每单位户籍人口增加对居民获得公共服务水平的影响更为明显，户籍人口每增加 1 个百分点，会导致居民获得的公共服务水平下降 1.830 个百分点，常住人口每增加 1 个百分点，会导致居民获得的公共服务水平下降 1.8 个百分点，究其原因，相比常住人口，户籍人口享有的公共服务水平更高，所以居民获取公共服务水平与户籍人口变动的关系更为敏感。同时，2016~2018 年间，户籍人口的拥挤效应测算值为正。这意味着户籍人口每增加 1 个百分点，会导致居民获得公共服务水平增加 0.036 个百分点。上述影响可能的原因是，地方政府在享有财政激励政策后带动居民获得公共服务水平的增加，其受益范围不仅限于常住人口，也带来户籍人口获得公共服务水平的增加，即存在一定的漏出效应。

5.3 本章小结

地方政府及其公共服务供给对于推进农业转移人口市民化具有重要意义。近年来我国先后出台一系列激励政策，减轻地方政府公共服务供给成本，以推进农业转移人口市民化进程，然而相关激励政策是否减轻地方政府公共服务供给成本分担，这是本章关注的焦点。文献梳理发现，现有农业转移人口市民化的公共服务供给成本测算多采用分类计算后加总的方法，然而这种方法往往面临如下难题：一是伴随农业转移人口的市民化，地方政府的公共服务供给成本并非线性增长。大量研究验证人口规模增加影响地方公共服务供给成本的拥挤效应，这是地方政府公共服务供给成本测算中不能忽视的，而以分类计算后加总方法反映地方政府公共服务供给成本难以反映这种非线性增长。二是以分类计算后加总方法往往难以涵盖地方政府的所有公共服务供给成本。农业转移人口市民化对地方政府公共服务供给成本的影响不限于子女教育、社会保障等公共服务供给，农业转移人口市民化本身是农业转移人口不断融入城镇生活的一个过程，在这一过程中，农业转移人口同样参与了城镇一般行政服务、公共安全与公共卫生等公共服务的消费，带来其供给成本的同步增加，以分类计算后加总方式虽然能够测算主要公共服务供给成本，但难以涵盖地方政府所有公共服务供给成本。

为此，本书尝试借鉴鲍彻迪、迪肯（1972）和博格斯祝姆、古德曼（1973）的做法，以 BD-BG 模型为基础，以地方政府人均公共支出为核心被解释变量，反映市民化进程中地方政府公共服务供给成本，构建面板数据模型，验证市民化带来的人口规模变动对地方政府公共服务供给成本的影响，同时侧重考察 2016 年相关激励政策的出台是否使上述影响产生波动变化。考虑到地方政府在推进市民化进程中的重要责任以及数据的可得性，选取我国 249 个地市级城市 2007~2018 年数据，展开实证研究。

实证检验可得主要结论有三：一是农业转移人口市民化带来地方公共服务供给压力，且上述压力呈现非线性增长态势。农业转移人口市民化带来地方政府公共服务供给成本上扬，公共服务供给中的拥挤效应较为明显。二是 2016 年以来相关激励政策在一定程度上调动地方政府推进农业转移人口市民化的积极性。2016 年之后市民化带来的人口规模变动对居民获得公共服务水平和地方公共支出水平的影响相对弱化。三是 2016 年以来相关激励政策具有一定的漏出效应。拥挤参数计算结果显示，居民获取公共服务水平与户籍人口变动的关系更为敏感。相比常住人口，户籍人口享有的公共服务水平更高。地方政府在享有财政激励政策后带动居民获得公共服务水平的增加，其受益范围不仅限于常住人口，也带来户籍人口获得公共服务水平的提升。

第6章 农业转移人口市民化进程中的地方政府财政激励机制构建

本章主要内容如下：基于理论分析与实证检验，探讨短期视角下与长期视角下地方政府财政激励机制的构建。基于3.2部分的研究结论，推进城镇公共服务向农业转移人口的覆盖与保障，是推动农业转移人口市民化的关键所在。故而，短期视角下市民化进程中地方政府财政激励的对策应着眼于城镇基本公共服务供给制度的建立健全。合理明确城镇公共服务供给的政府间成本分担、稳定有序地实现城镇公共服务向农业转移人口的全覆盖、健全城镇公共服务多元化供给制度是推进农业转移人口市民化进程的关键所在。长期视角下地方政府财政激励的对策则应着眼于健全地方税收制度、推进城乡基本公共服务均等化、完善城乡户籍制度与土地制度等。

6.1 健全城镇基本公共服务的政府间成本分担机制

基于第2章的理论分析，由于农业转移人口市民化进程存在效益外溢，中央与地方公共服务供给的成本分担成为必然选择，对于Ⅰ类公共服务，如住房保障、城镇基础设施建设等公共服务，在短期内吸纳农业转移人口的一次性成本相对较高，但后续成本大幅降低，甚至为零。对于Ⅱ类公共服务，如随迁子女教育、养老和医疗保险、城镇一般公共服务等，在吸纳农业转移人口市民化后的若干年份里，其公共服务供给成本支出将会较稳定的存在。对于上述两类公共服务，中央与地方的成本分担机制设计也应有所不同。

6.1.1 健全政府间转移支付制度

如前所述，政府间转移支付是解决地方政府财政收支缺口和推动区域公共服务均等化供给的重要手段。近年来，国家围绕央地转移支付制度进行一系列的调整，其目的之一就是缓解地方政府财政收支压力，推动基本公共服务均等化供给。《2011年中央对地方均衡性转移支付办法》提出，在一般公共服务、公共安全、教育、文化体育与传媒等支出科目测算中，采用户籍人口加经折算过的外来人口作为总人口标准，进而剥离户籍制度对公共服务配置的约束；2016年《关于实施支持农业转移人口市民化若干财政政策的通知》从政策文件上明确人口流入地政府的主体责任。2016年《中央财政农业转移人口市民化奖励资金管理办法》进一步细化相关转移支付规定，在均衡性转移支付资金中安排了农业转移人口市民化奖励资金，表示会适当考虑农业转移人口流动等因素，将财政资金向吸纳跨省（区、市）流动农业转移人口较多的地区倾斜，进而以转移支付资金弥补流入省份财政缺口。中央财政转移支付同农业转移人口市民化挂钩机制的办法，固然可以部分解决流动人口公共服务成本的省际分担问题，但想要实现基本公共服务均等化，下一步仍需进一步完善财政转移支付制度，加大对吸纳农业转移人口较多地区的支持力度。结合理论分析，应通过政府间转移支付制度，逐渐实现Ⅰ类公共服务的中央与地方成本分担。

基于第2章研究结论，Ⅰ类公共服务，如住房保障等，在短期内吸纳农业转移人口的一次性成本相对较高，但后续成本大幅降低，甚至为零，可以通过中央对地方的专项转移支付，实现短期内推进农业转移人口市民化的成本分担。以住房保障为例，在短期内吸纳农业转移人口的一次性住房建设成本相对较高，但后续住房维护的成本大幅降低。

现实中，以地方政府为主体的供给制度，强化了地方政府的住房保障责任。各地通过吸纳农业转移人口进入住房公积金制度、农业转移人口公租房建设等措施，大力推进农业转移人口市民化进程。然而，大量研究同时表明，对于地方政府而言，推进农业转移人口市民化的住房保障成本相比其他公共服务而言，占农民工市民化总成本的50%甚至更多，这给地方政府带来一定的财政压力。① 因此中央对地方的住房保障专项资金，如城镇保障性安居工程专项资金等，成为农业转移人口住房保障的重要组成部分。

然而，目前的住房保障资金拨付主要考虑地方政府财力差距，中西部地区相对较多，吸纳农业转移人口数量因素考虑得相对较少。尽管与中西部地区相比，东部地区经济发展水平和财政收入相对较高，保障性住房建设的财政负担能力较强，但东部地区农业转移人口规模也相对较大，保障性住房的建造成本和无偿提供土地的机会成本也相对较高，因此，中央政府保障性住房建设的转移支付资金分配应当综合考虑上述因素并适时进行动态调整，保证资金的配置效率。在具体的做法中，可以考虑因素法优化转移支付资金分配，综合考虑各省年度保障性住房套数以及保障性住房需求等因素，确定相应权重，测算分配转移支付资金，同时，适当考虑地区经济发展水平与地区财政困难程度等因素进行调节。

6.1.2 细化中央及地方供给责任划分

合理划分中央和地方财政事权与支出责任是财税体制改革的重要环节，不仅关乎政府提供公共服务的能力和效率，更关乎政府执政和施政能力的提升。财政事权是一级政府应承担的运用财政资金提供基本公共服务的任务和职责，支出责任是政府履行财政事权的支出义务和保障。2016年《关于推进中央与地方财政事权和支出责任划分改革的指导意见》、2018年《关于印发基本公共服务领域中央与地方共同财政事权和支出责任划分改革方案的通知》围绕科学界定中央与地方权责、确定基本公共服务领域共同财政事权范围、制定基本公共服务保障国家基础标准、规范中央与地方支出责任分担方式、加大基本公共服务投入等内容，明确了下一步政策着力点，为加快推进基本公共服务均等化指明了方向。

结合理论研究，下一步应细化中央及地方供给责任划分，实现Ⅱ类公共服务的中央与地方成本分担。基于第2章研究结论，Ⅱ类公共服

---

① 刘斌：《住房、住房政策与农民工市民化：研究述评及展望》，载于《重庆理工大学学报》（社会科学）2020年第1期，第53~62页。

务,如随迁子女教育、养老和医疗保险、城镇一般公共服务等,在吸纳农业转移人口市民化后的若干年份里,其公共服务供给成本支出就会较稳定的存在,因此,建立健全公共服务供给制度,明确中央与地方供给责任划分,是推进农业转移人口市民化的必然要求。

随迁子女教育方面。在吸纳农业转移人口市民化后的若干年份里,农业转移人口子女教育成本在一定时期内将会较稳定的存在,因此建立健全公共服务供给制度,明确中央与地方供给责任划分,是提升随迁子女教育供给水平、推进农业转移人口市民化的必然要求。理论上,地方政府由于其信息优势承担教育供给责任的效率更高,而在各地存在经济差异的情况下由中央政府供给更能体现公平原则。同时,考虑到基础教育受益群体的流动性,基础教育的多级政府供给模式在现实中较为常见。尽管如此,我国地方政府特别是区县政府的基础教育供给责任相对较重,且各级政府间事权与支出责任仍有交叉、模糊之处,鉴于此,应当进一步细化各级政府间责任划分,包括规范中央及各级地方政府在人员经费、公用经费和基本建设费等方面的支出责任,明确中央地方承担的比例与项目等。

养老保险方面。农业转移人口市民化进程中,只要农业转移人口参保并满足养老保险给付的相关要求,养老保险供给成本支出就会较稳定的存在。同时,对于养老保险而言,覆盖范围越广,社会成员间互济性与风险共担的能力越强,越能提升养老保险统筹层次,现实中,2016年8月国务院发布的《关于推进中央与地方财政事权和支出责任划分改革的指导意见》进一步明确了中央与地方在诸多公共服务供给中的职责划分,并以此为基础逐步构建养老保险基金省级统筹和基金中央调剂制度。尽管如此,养老保险基金的省级统筹距离"统收统支,统一管理"依然有一定的差距,中央与地方政府的职责划分依然存在一定的缺陷,各级政府的权责划分依然存在模糊之处。因此应进一步细化中央与地方公共服务供给责任。具体而言:一方面,明确中央政府的顶层设计责任。在提高统筹层次、解决跨地区转移接续等方面,完善制度设计框架,稳步推进养老保险制度从省级统筹向全国统筹。另一方面,明晰各级地方政府间责任划分。基于养老保险基金结余情况,建立健全地方政府激励约束机制,调动地方政府积极性,加快实现真正意义上的养老保险省级统筹。

6.2 稳步有序推进城镇公共服务均等化供给

基于实证研究结论，农业转移人口对城镇主要公共服务的需求多为魅力型需求和期望型需求，并没有必备型需求，这可能受农业转移人口返乡意愿的影响。以住房保障为例的实证研究显示，农业转移人口市民化与城镇公共服务保障供给存在交互效应：较低的住房保障在一定程度上催生农业转移人口的返乡意愿，而返乡意愿在一定程度上限制农业转移人口对城镇公共服务的需求与地方政府的公共服务供给，阻碍市民化进程的推进。因此，在明确中央与地方供给责任的基础上，以满足农业转移人口的公共服务需求为目的，稳步有序提升城镇公共服务供给水平，推进其向农业转移人口的均等化覆盖是推进农业转移人口市民化进程的必然选择。基于 3.2 部分的研究结论，农业转移人口对城镇社会保障、住房保障与职业技能培训等公共服务的需求排序相对靠前，应是当前阶段城镇公共服务均等化供给的重点。

6.2.1 增强城镇社会保障对农业转移人口的吸纳能力

基于第 3 章的研究结论，农业转移人口的城镇公共服务满意度总体偏低，其中社会保障类需求依然是农业转移人口对城镇公共服务的首要需求，在主要城镇公共服务需求排序中，医疗保险、失业保险、养老保险、住房保障等公共服务需求排序相对靠前。同时，调查数据显示，农业转移人口对城镇企业职工医疗保险、养老保险和失业保险的参与程度普遍偏低，大多处于城乡居民医疗保险、养老保险的保障范围。这表明，提升城镇社会保障供给水平，增强城镇社会保障制度对农业转移人口的吸纳能力，对推进农业转移人口市民化水平具有重要意义。为此，《深入实施以人为本的新型城镇化战略五年行动计划》更是明确提出，扩大农业转移人口社会保障覆盖面。健全灵活就业人员、农民工、新就业形态人员社保制度，全面取消在就业地参保户籍限制，完善社保关系转移接续政策。引导农业转移人口按规定参加职工基本养老和医疗保险。全面落实持居住证参加城乡居民基本医疗保险政策，增加异地就医直接结算定点医疗机构数量。深入推进新就业形态人员职业伤害保障试点。将符合条件的农业转移人口纳入社会救助范围，为困难群体基本生活提供兜底保障。

结合上述分析，增强城镇社会保障对农业转移人口吸纳能力应从以下几方面入手：

一方面，应逐步以标准化推进城镇社会保障公共服务均等化。强化农业转移人口社会保障是提升群众获得感的重要着力点之一，有利于促进社会公平正义。应全面取消在就业地参保的户籍限制，健全灵活就业人员、农民工、新就业形态人员参保制度，完善社保关系转移接续政策，让农业转移人口社会保障更多元、更全面、更有效。为此，应强化农业转移人口社会保障，逐步加强养老保险、医疗保险等社会保险服务的标准化建设，统筹提高城乡居民基本养老保险、居民基本医疗保险的保障水平，缩小城乡居民与城镇企业职工在基本养老保险与医疗保险保障水平方面的差距，推进城镇社会保障服务均等化。

另一方面，考虑到农业转移人口具有跨省异地就医的特点，应做好顶层设计，持续优化我国基本医疗保险制度。以大型城市为试点，重点以行业划分农业转移人口类别，允许如建筑等高危行业的农业转移人口灵活参保，提高基本医疗保险的参保率。针对医疗保险异地就医存在的常见问题与难点，先实现基本医疗保险省级层面的统筹，再逐渐向全国统筹过渡。同时，加强公共卫生的健康教育工作，增强农业转移人口的风险防范意识，提高其自我保护能力，并通过志愿者宣传教育、社区活动等方式，提升农业转移人口对医疗保险的认知，提高其参保积极性。

此外，增强城镇失业保险制度对农业转移人口的吸纳能力，在规范城镇企业用工制度和劳动力市场监管的基础上，提升城镇失业保险保障水平。不断清理各种歧视性就业政策，规范劳动力市场的用工管理制度，加强对企业用工情况的考核，将企业签订劳动合同的情况作为重要考核指标；建立失信企业黑名单制度，对未签订劳动合同、拖欠工资的企业进行曝光和处罚，并为农业转移人口提供法律咨询和维权服务，积极推动提高失业保险和工伤保险在农业转移人口中的覆盖率。稳步提升城镇社会救助水平。通过增加财政投入，增强社会救助制度对常住人口的吸纳能力。

6.2.2　加大城镇农业转移人口的职业培训投入力度

基于第3章的研究结论，在主要城镇公共服务需求排序中，农业转移人口更为关注与短期收入提升密切相关的公共服务，如职业培训。在9种主要城镇公共服务需求排序中，职业培训的需求排序为第4位，位次在住房保障与养老保险之前。由于职业培训直接关乎农业转移人口的劳动力技能进而影响其收入水平，因此，通过多种举措，推进农业转移人口职业培训对于推进农业转移人口市民化具有重要的现实意义。

具体而言：一是增加职业技能培训供给。通过财政直接投资加大农业转移人口职业技能培训投入力度，同时依靠财政补贴资金引导社会资本参与职业技能培训，提升地区职业技能培训供给水平，为农业转移人口提供更多的职业技能培训机会。同时积极开展面向农村转移劳动力、返乡农民工、脱贫劳动力等的职业技能培训和安全知识培训。劳动力输出地区应组织当地农民工和返乡入乡农民工开展就业创业培训，促进其就近就业创业。劳动力输入地则应大力开展促进农民工就业的技能培训和新职业新业态培训，提升其就业能力。要注重对准备外出就业青年农民工的职业指导和培训工作，依托职业院校和职业技能培训机构等为其提供有针对性的培训服务，促进其职业技能提升。积极推进乡村建设所需的农业农村本地人才技能培训，培养一批农业农村高技能人才和乡村工匠。强化高素质农民先进实用技术技能培训，推进各类现代农业技术培训和其他涉农技术培训，提升农业农村产业发展能力和新型农业经营主体经营管理能力。二是创新职业技能培训供给方式，在传统集中培训的基础上，通过开展校企合作、"互联网＋"等灵活多样的培训方式，吸引农业转移人口参加职业技能培训；完善公共就业服务体系与全国公共就业服务平台建设，推动公共就业服务下基层，通过多种渠道、多种方式，达到职业技能培训的目的。三是利用职业技能培训对农业转移人口就业的引导作用，加大对制造业、现代服务业等相关行业的职业技能培训投入力度，缓解城镇劳动力短缺，促进城镇产业结构优化升级。

6.3 健全城镇公共服务多元化供给制度

除建立科学合理的公共服务成本共担机制、稳定有序地实现城镇公共服务向农业转移人口的全覆盖外，创新城镇公共服务供给制度，引入城镇公共服务的多元化供给，对于健全城镇基本公共服务供给保障机制、提升城镇公共服务供给水平具有重要意义。

6.3.1 推进政府购买服务，完善城镇公共服务供给

近年来，政府购买服务将市场、非营利组织等多元主体引入公共服务供给制度设计，通过发挥市场机制在公共服务供给中的作用，有效地提升公共服务供给水平和效率。在农业转移人口市民化进程中，住房保障、城镇基础设施等公共服务供给均为政府购买服务提供了充分空间。

以住房保障为例。如前所述，近年来各地通过吸纳农业转移人口进入住房公积金制度、农业转移人口公租房建设等措施，大力推进农业转移人口市民化进程。然而，对于地方政府而言，推进农业转移人口市民化的住房保障成本依然是巨大的。为此，除加大政府间转移支付化解地方财政压力外，创新住房保障供给方式，通过政府购买服务，实现多元化供给成为必然选择。具体来说，通过政府购买服务，积极引导市场、非营利组织参与保障性住房的建设融资和后续管理运营，提升住房保障水平。基于4.2部分的研究结论，农业转移人口的住房保障供给中不一定强调房屋所有权归属。考虑到农业转移人口的收入水平与住房承受能力，可以通过多样化保障性住房供给，包括廉租房、公租房、共有产权住房等，满足其住房需求推进保障性住房的多样化供给。应降低农业转移人口申请保障性住房的门槛。地方政府可以将是否持有居住证或社保缴纳的年限作为农业转移人口申请保障性住房的重要依据，逐步实现户籍人口和农业转移人口保障性住房同标准申请、审核。同时，农业转移人口集聚规模较大的城市，应将储备土地优先规划为保障性住房建设用地，扩大农业转移人口保障性住房专项供应比例。可以考虑对于招收农业转移人口较多的用工单位或工业园区，在条件允许的情况下，集资在

自有土地上建设员工宿舍。此外，在城中村、老旧小区、棚户区改造的过程中，应充分考虑农业转移人口的住房需求。地方政府还可以采取划拨住房资源、提供贴息贷款、发放住房补贴、简化住房公积金提取手续等方式，为常住农业转移人口租赁或购买住房提供支持。住房建设与后期运营管理均可以引入政府购买服务，借助市场化手段，提高保障性住房管理运营效率，提升其保障水平。

6.3.2　发挥 PPP 模式在城镇公共服务供给中的作用

如前，农业转移人口市民化本身是农业转移人口不断融入城镇生活的一个过程。在这一过程中，他们同样参与城镇一般行政服务、公共安全与公共卫生等公共服务的消费，影响着城镇公共卫生服务设施、环境卫生基础设施以及其他市政公共设施的供给。在不断提高上述城镇基础设施供给水平的同时，为减轻地方财政支出压力，可以政府与社会资本合作的方式，合理引导私人资本参与城镇基础设施建设、管理与运营，扩展城镇基础设施融资渠道，创新城镇基础设施融资方式，进而缓解地方财政支出压力，提高公共服务供给效率。一方面，应构建良好的法律环境，对于 PPP 模式涉及的合同、担保、外汇、税收、特许权等各个方面，明确界定 PPP 项目的所有权、经营权，加上我国的基础设施建设市场化处于初级阶段，各个方面都有所不足，对此，必须完善法律法规，通过法律来明确相关主体的权利义务及对其行为进行强力约束，从而保证 PPP 项目的规范化、现代化进行。另一方面，准确定位政府角色，政府要完成角色的转变，从基本公共服务的提供者转变成参与者和质量监督者。对于 PPP 模式的实施，必须在政府部门的推动下进行，但是在具体实践中，政府必须准确定位自身角色，不能占据主导，政府要主动承担起与私人企业合作，监督指导公共服务的角色。在合同契约方面，应将社会资本方视为同等地位，要接受有效法律体系的约束，不能擅用权利修改干预，同时又要防范资本权利被民企架空、侵占，这就需要治理结构的改革和地方政府治理水平的提高来保障，以此促进我国公共基础设施建设的创新发展。最后，构建完善的监管体系，建立合理的利益分享和风险共担机制。在实践中，为了保证 PPP 模式下城市公共基础设施建设的有序进行，政府还应该与企业制定一套科学、可行的监管体系，并将其彻底落实在实践中，政府要在监管中承担主要责任，如果因监管不力而引起风险，政府需要承担主要责任，这样就能充分提高政府监管效率。由对风险最有控制力的一方控制相应风险，承担的风险与所得回报相匹配，其中政府主要承担政策风险和民众诉求风险，而社会资本方承担建设、运营、维护等方面的风险。

6.4 长期视角下的地方政府财政激励机制构建

6.4.1 完善地方税收制度

基于理论分析，市民化进程中地方政府财政激励的着力点是"财政收益—财政成本"组合，农业转移人口通过影响劳动力资源配置和产业结构，带来城镇经济增长，但这种贡献相对间接，同时由于收入水平、社保参与程度、身份认同感、文化资本等因素的影响，农业转移人口消费水平普遍低于城镇居民，其通过商品税为地方税收收入的贡献相对偏低，导致地方政府在推进农业转移人口市民化进程中的财政收益不足，这也在很大程度上使得合理分担城镇公共服务供给成本，实现其向农业转移人口的覆盖与保障，成为推动农业转移人口市民化的关键所在。

然而，长期来看，在推进城镇公共服务向农业转移人口覆盖的同时，完善地方税收制度，建立地方政府财力保障机制，不断提升市民化进程中地方政府财政收益，同样有利于调动地方政府推进农业转移人口市民化的积极性。具体而言，应积极推进地方税制改革，特别是逐步减少间接税所占比重，增加直接税所占比例，保证地方税收收入稳定增长，强化地方公共服务供给的自有财力保障。同时，考虑将消费税划为地方税。首先，加快消费税征收环节后移，逐步在销售零售环节征收消费税。当前消费税主要在生产环节征收，但生产地主要集中在东部发达地区，各地区消费水平正呈现逐步提高趋势，生产环节消费税划转地方并不能起到有效增加各地区税收收入的效果，同时征税环节后移可以扩大消费税税基，进一步激发消费税收入潜力，从而使地方政府转移目标，由抢夺税源、盲目扩大生产转为注重提高公共服务质量、优化消费环境与营商环境,有利于形成"吸引更多消费者流入—地方政府税收收入增加"的良性循环。对企业而言,生产企业无须提前垫付消费税,在减轻企业资金周转压力的同时进一步提高了我国实体经济的竞争力。其次,调整消费税征收范围,合理设置消费税税率,强化消费税筹集财政收入功能。消费税征税范围应从商品扩展到服务,实现消费税对娱乐业的引导调节功能,修复"营改增"对流转税体系造成的冲击,扩大奢侈品、高档消费品和高档消费行为的征税范围,同时差异化税率设置,适度提高高消费品税率,降低普适性消费税税率,在一定程度上可以尝试允许地方政府根据自身经济社会发展程度,灵活确定各自的征收范围。再次,加强零售销售环节消费税征管技术提高,利用大数据技术,做到消费税征管分级、分类管理,提升征管效率,做好消费税庞大征收工程。最后,消费税下放地方要建立相应的法律保障,进程要循序渐进,不宜操之过急,应在确保中央与地方现有财力格局稳定的条件下逐步进行,可考虑先将部分消费税目划转地方,如消费引导性消费品等,提高消费税下放地方效果的稳健性。

同时,积极构建以"信息流"为核心的征管模式,加强征管手段的技术创新。信息不对称是地方税体系陷入征管困境的主要原因,也是影响征管效率的重要因素。在大数据时代,地方税征管模式要从管户、管事向管信息转变,在税务登记、纳税申报、税款征收、税务稽查、法律责任等业务流程中强化信息的获取和共享,结合信息的采集、传输、存储、加工、运用等环节,调整机构设置、岗位职责和人员配备,提升信息化管理的地位,逐步实现"业务流程"向"信息流程"的转变。此外,地方税收征管效率的提高,主要源于技术进步和创新。应进一步增加税源管理、网上认证与申报、部门信息共享等税收工作的科技含量,加大税务信息化对税务管理的支撑力度。同时,创新管理理念与征管模式,将先进的征管技术与高效的管理模式有机结合。充分利用"互联网+"、大数据和人工智能等新兴技术实现地方税收征管手段的升级换代,依托区块链、统计分析技术等新兴数据处理方式,增强技术要素对税收征管的支撑作用,做到应收尽收。

6.4.2 推进城乡基本公共服务均等化

基于第 3 章的研究,农业转移人口对城镇主要公共服务的参与程度有限，受返乡意愿的影响，多数农业转移人口依然有赖于农村公共服务为其提供基本保障。长期视角下，在推进城镇公共服务均等化供给和向农业转移人口全覆盖的同时，持续推进城乡基本公共服务均等化供给，是保障城乡间劳动力自由流动、推进农业转移人口市民化的内在要求。

具体而言：一方面，推进以城乡均衡发展为目标的公共服务供给制度构建。在基础教育、公共卫生、基础设施等领域，以城乡均衡发展为目标，以基本公共服务标准化建设提升农村基本公共服务供给水平。另一方面，各地应统一以农业转移人口申办的居住证为随迁子女入学的主要依据，并要求"两免一补"政策和生均经费随着学生的流动而转移。未来需要进一步将上述政策纳入教育法，并细分制定实施方案，从法律层级明确迁入地、迁出地政府部门的职责；将"两为主、两纳入"[①]的实施情况作为地方政府的绩效考评依据，激励各级政府部门发挥主观能动性。

针对随迁子女入学门槛高且手续繁杂的情况，一方面应在招生季配备足够的志愿者做好入学手续帮扶工作，另一方面做到入学手续应简尽简，减轻农业转移人口往返负担。针对部分地市采取积分入学的政策，应深入考虑随迁子女积分入学和积分落户的区别，适当减少随迁子女入学积分设置中对高学历、高技术人员的偏好，增加稳定就业、长期居住、社保缴纳情况的积分占比；逐步弱化以户籍为主要依据的升学报考政策，同时尝试构建以本地连续居住时长和本地连续就读时长作为异地升学报考主要依据的"常住户口＋学籍"制度体系。

6.4.3　推进户籍制度与农村土地改革

尽管3.2部分的研究显示，农业转移人口对土地的依赖程度大幅降低，人均耕地面积并没有与农业转移人口市民化意愿呈现显著相关关系，土地的收入保障能力逐步弱化，但作为农业生产、经营、收入分配和农村社会保障的最基本制度，土地制度依然在一定程度上影响着农业转移人口的生产生活，很多农业转移人口依然把土地和宅基地视为其基本利益保障，保留其农村户籍和土地的意愿仍较为强烈。基于此，进一

[①] "两为主，两纳入"是指以流入地政府为主、以公办学校为主，同时将常住人口纳入区域教育发展规划、将随迁子女教育纳入财政保障范围。

步完善户籍制度和农村土地制度，成为长期视角下提升农业转移人口市民化意愿的重要措施。

基于此，一方面，应结合户籍制度改革，剥离农村土地所附加的社会保障功能，推行城乡社会保障均等化，逐步实现土地养老、家庭养老到社会养老的转变。逐步放开户籍制度，将户籍制度的功能定位于身份证明和数据统计，进一步剥离附着于户籍制度之上的各种社会福利，彻底改变户籍制度带来的身份隔离，同时，推进城乡居民户口统一登记制度，进一步放开城镇落户准入条件，吸纳更多农业转移人口在城镇落户。全面落实城区常住人口300万以下城市取消落户限制要求，全面放宽城区常住人口300万~500万城市落户条件，完善城区常住人口500万以上超大特大城市积分落户政策，更好地促进农业转移人口进城落户；在全面实施户口迁移、居民身份证、临时居民身份证"全国通办"的基础上，稳步推进居民身份证补换领等高频户政事项"全程网办"，实现足不出户就能办成事；持续深化户籍制度改革，加快推进民身份证、居住证功能衔接并轨。以公民身份证号码为唯一标识，加快推动部门间人口信息资源依法互联共享，实现就业、教育等信息汇聚。

另一方面，在明确土地产权的基础上，明确农民相应的土地抵押权、转让权等权属，推动农民土地财富向资本财富的转变。在健全土地流转制度，保障农地用途不变的情况下，通过转让土地承包权，不仅可以实现土地的规模化、集约化经营，带来农业生产经营方式的变革与推进农业现代化进程，而且有利于农村剩余劳动力向城镇更持续、更大规模的转移，带来人口流动的长期化和家庭化；持续推进城乡土地产权同权化和资源配置市场化改革，构建城乡统一的建设用地市场，让农村集体建设用地与国有建设用地平等入市，让土地资源在城市内部和乡村内部、城市之间和乡村之间以及城市之间自由流动，在全国范围内优化人口与土地的空间配置，以此进一步促进城乡融合发展。

参考文献

［1］保罗·萨缪尔森、威廉·诺德豪斯，萧琛译：《经济学（第十七版）》，人民邮电出版社2004年版。

［2］国务院发展研究中心本文组：《中国民生调查研究报告2015》，中国发展出版社2016年版。

［3］国务院发展研究中心本文组：《农民工市民化：制度创新与顶层设计》，中国发展出版社2011年版。

［4］李竞能：《人口理论新编》，中国人口出版社2001年版。

［5］刘传江等：《中国第二代农民工研究》，山东人民出版社2009年版。

［6］曼昆著，梁小民译：《经济学原理》，北京大学出版社2006年版。

［7］穆勒：《公共选择理论（第二版）》，杨学春等译，中国社会科学出版社1999年版。

［8］史蒂文斯：《集体选择经济学》，杨晓维等译，上海三联书店1999年版。

［9］张英洪：《新市民：北京市农民工市民化研究》，社会科学文献出版社2014年版。

［10］敖荣军：《制造业集中、劳动力流动与中部地区的边缘化》，载于《南开经济研究》2005年第1期，第61~66页。

［11］蔡昉：《拆除劳动力流动的制度障碍》，载于《中国人口科学》1999年第4期，第50~51页。

［12］陈斌开、陆铭、钟宁桦：《户籍制约下的居民消费》，载于《经济研究》2010年第1期，第62~71页。

［13］陈章喜、林子毅、刘炫妤：《住房保障影响城镇化进程的实证分析》，载于《西安财经学院学报》2013年第5期，第120~124页。

[14] 陈昭玖、胡雯：《人力资本、地缘特征与农民工市民化意愿》，载于《农业经济问题》2016年第1期，第39~49页。

[15] 陈志、丁士军、吴海涛：《当农民还是做市民——城中村居民市民化意愿研究》，载于《财政研究》2016年第11期，第82~92、104页。

[16] 丁萌萌、徐滇庆：《城镇化进程中农民工市民化的成本测算》，载于《经济学动态》2014年第2期，第36~43页。

[17] 杜小敏、陈建宝：《人口迁移与流动对我国各地区经济影响的实证分析》，载于《人口研究》2010年第3期，第77~88页。

[18] 段靖、马燕玲：《市民化成本测算方法分析与比较》，载于《地方财政研究》2017年第10期，第84~89、112页。

[19] 付明辉、刘传江、董延芳：《基本公共服务如何影响农业转移人口定居意愿——基于城市劳动力需求冲击及房价异质性分析》，载于《农业技术经济》2024年第8期，第52~71页。

[20] 付诗淇：《基于性别的新生代农民工市民化意愿研究》，载于《浙江农业科学》2014年第7期，第1121~1123页。

[21] 甘行琼、刘大帅、胡朋飞：《流动人口公共服务供给中的地方政府财政激励实证研究》，载于《财贸经济》2015年第10期，第88~96页。

[22] 葛乃旭、符宁：《特大城市农民工市民化成本测算与政策建议》，载于《经济纵横》2017年第3期，第65~68页。

[23] 管新帅、王思文：《中国地方公共品供给效率地区差异测度》，载于《兰州大学学报》（社会科学版）2009年第4期，第43~47页。

[24] 何炤华、杨菊华：《安居还是寄居？不同户籍身份流动人口居住状况研究》，载于《人口研究》2013年第6期，第17~34页。

[25] 侯慧丽：《产业疏解能带动人口疏解吗？——基于北京市流动人口定居意愿的视角》，载于《北京社会科学》2016年第7期，第46~54页。

[26] 胡桂兰、邓朝晖、蒋雪清：《农民工市民化成本效益分析》，载于《农业经济问题》2013年第5期，第83~87页。

[27] 胡秋阳：《农民工市民化对地方经济的影响——基于浙江

CGE 模型的模拟分析》,载于《管理世界》2012 年第 3 期,第 78~86、101 页。

[28] 黄浩:《中国财政收入和经济增长关系的实证研究》,载于《统计与决策》2016 年第 7 期,第 135~137 页。

[29] 黄忠华、杜雪君:《农村土地制度安排是否阻碍农民工市民化:托达罗模型拓展和义乌市实证分析》,载于《中国土地科学》2014 年第 7 期,第 31~38 页。

[30] 贾康:《加大财政投入促进城乡社会保障体系建设》,中国社会保障论坛第二届年会,2007 年。

[31] 解垩:《政府效率的空间溢出效应研究》,载于《财经研究》2007 年第 6 期,第 101~110 页。

[32] 黎红、杨黎源:《农民工市民化成本评估与经济收益——以宁波为例》,载于《浙江社会科学》2017 年第 12 期,第 100~106、160 页。

[33] 李恩平:《经济新常态下重塑保障性住房供应体系》,载于《改革与战略》2015 年第 12 期,第 175~179 页。

[34] 李建军、王德祥:《人口地理与公共品供给效率——以四川省 135 个县(市)为例》,载于《人口学刊》2011 年第 6 期,第 3~10 页。

[35] 李俊霞:《人口流动对农村经济社会发展的影响研究》,载于《农村经济》2014 年第 10 期,第 103~107 页。

[36] 李抗:《公共财政政策导向对农民工市民化进程的影响因素分析》,载于《特区经济》2015 年第 5 期,第 22~26 页。

[37] 李练军:《新生代农民工市民化政策满意度及影响因素》,载于《华南农业大学学报:社会科学版》2016 年第 3 期,第 47~53 页。

[38] 李练军:《中小城镇新生代农民工市民化意愿影响因素研究——基于江西省 1056 位农民工的调查》,载于《调研世界》2015 年第 3 期,第 36~41 页。

[39] 李婷等:《延庆县新型农村合作医疗满意度影响因素的实证分析》,载于《北京农学院学报》2012 年第 1 期,第 47~50 页。

[40] 李祥、高波、李勇刚:《房地产税收、公共服务供给与房价——基于省际面板数据的实证分析》,载于《财贸研究》2012 年第 3

期，第 67~75 页。

[41] 李燕凌、欧阳万福：《县乡政府财政支农支出效率的实证研究》，载于《经济研究》2011 年第 10 期，第 110~122 页。

[42] 李英东、刘涛：《地方政府激励机制的重构与农民工市民化》，载于《财经理论与实践》2017 年第 5 期，第 105~115 页。

[43] 李永友、陆晨晨：《基层分权改革与农村社会公共品供给》，载于《经济学家》2012 年第 7 期，第 78~87 页。

[44] 廖媛红：《制度因素与农村公共品的满意度研究》，载于《经济社会体制比较》2013 年第 6 期，第 121~132 页。

[45] 林李月、朱宇、柯文前：《基本公共服务对不同规模城市流动人口居留意愿的影响效应》，载于《地理学报》2019 年第 4 期，第 123~138 页。

[46] 刘保平、秦国民：《试论农村公共产品供给体制：现状、问题与改革》，载于《甘肃社会科学》2003 年第 2 期，第 76~78 页。

[47] 刘斌：《住房、住房政策与农民工市民化：研究述评及展望》，载于《重庆理工大学学报》（社会科学）2020 年第 1 期，第 53~62 页。

[48] 刘成玉、马爽：《"空心化"、老龄化背景下我国农村公共产品供给模式改革与创新探讨》，载于《农村经济》2012 年第 4 期，第 8~11 页。

[49] 刘传江、程建林：《第二代农民工市民化：现状分析与进程测度》，载于《人口研究》2008 年第 5 期，第 48~57 页。

[50] 刘传江：《农民工市民化研究》，载于《发展经济学研究》2007 年第 3 期，第 227~238 页。

[51] 刘德军、张靖会、樊丽群：《促进区域协调发展的财税政策研究——以山东省为例》，载于《财政研究》2015 年第 3 期，第 21~25 页。

[52] 刘乃全、宇畅、赵海涛：《流动人口城市公共服务获取与居留意愿——基于长三角地区的实证分析》，载于《经济与管理评论》2017 年第 6 期，第 113~122 页。

[53] 刘双良：《农民工城市住房保障问题分析与对策研究》，载于《经济与管理研究》2010 年第 1 期，第 52~57 页。

[54] 刘松林、黄世为：《我国农民工市民化进程指标体系的构建

与测度》,载于《统计与决策》2014年第13期,第29~32页。

[55] 刘小年:《农民工市民化的影响因素:文献述评,理论建构与政策建议》,载于《农业经济问题》2017年第1期,第66~74页。

[56] 刘晓:《农业转移人口市民化成本测算及其分担》,载于《求索》2018年第4期,第62~69页。

[57] 柳杨:《农业转移人口市民化进程中的政府行为分析》,载于《兴义民族师范学院学报》2016年第12期,第32~37页。

[58] 龙翠红、陈鹏:《新生代农民工住房选择影响因素分析:基于CGSS数据的实证检验》,载于《华东师范大学学报》(哲学社会科学版)2016年第4期,第46~54页。

[59] 陆万军、张彬斌:《户籍门槛、发展型政府与人口城镇化政策——基于大中城市面板数据的经验研究》,载于《南方经济》2016年第2期,第28~42页。

[60] 逯进、周惠民:《中国省域人口迁移的经济增长效应——基于内生增长视角的实证分析》,载于《人口与发展》2013年第5期,第57~67页。

[61] 罗丞:《安居方能乐业:居住类型对新生代农民工市民化意愿的影响研究》,载于《西北人口》2017年第2期,第105~110、119页。

[62] 吕萍、甄辉、丁富军:《差异化农民工住房政策的构建设想》,载于《经济地理》2012年第10期,第108~113页。

[63] 马晓微、张岩:《城市流动人口的经济贡献量化初探》,载于《人口研究》2004年第4期,第64~68页。

[64] 梅建明、袁玉洁:《农民工市民化意愿及其影响因素的实证分析——基于全国31个省、直辖市和自治区的3375份农民工调研数据》,载于《江西财经大学学报》2016年第1期,第68~77页。

[65] 孟星:《解决农民工住房问题的前提条件与根本途径》,载于《华东师范大学学报》(哲学社会科学版)2016年第4期,第62~66页。

[66] 欧阳华生、黄智聪:《区域间经济发展、城镇化与住房保障财政供给——基于空间计量模型框架的实证研究》,载于《财贸经济》2014年第6期,第5~13页。

[67] 皮国梅:《农村人口市民化就业中的政府行为研究》,载于《广西社会科学》2016年第9期,第153~157页。

[68] 齐红倩、席旭文、徐曼：《农业转移人口福利与市民化倾向的理论构建和实证解释》，载于《经济评论》2017 年第 6 期，第 66~79 页。

[69] 齐秀琳、汪心如：《基于机器学习方法的农业转移人口市民化水平影响因素研究》，载于《中国农村经济》2024 年第 5 期，第 128~150 页。

[70] 钱小利：《住房保障制度演进轨迹与现实响应：解析一个实例》，载于《改革》2012 年第 11 期，第 91~97 页。

[71] 秦立建、陈波：《医疗保险对农民工城市融入的影响分析》，载于《管理世界》2014 年第 10 期，第 91~99 页。

[72] 秦立建、童莹、王震：《农地收益、社会保障与农民工市民化意愿》，载于《农村经济》2017 年第 1 期，第 79~85 页。

[73] 屈小博、程杰：《地区差异、城镇化推进与户籍改革成本的关联度》，载于《改革》2013 年第 3 期，第 37~44 页。

[74] 申兵：《我国农民工市民化的内涵、难点及对策》，载于《中国软科学》2011 年第 2 期，第 1~7 页。

[75] 沈映春、王泽强等：《北京市农民工市民化水平及影响因素分析》，载于《北京社会科学》2013 年第 5 期，第 138~143 页。

[76] 石忆邵、王樱晓：《基于意愿的上海市农民工市民化成本与收益分析》，载于《同济大学学报》（社会科学版）2015 年第 4 期，第 56~64 页。

[77] 宋晶晶：《流动人口消费情况分析》，载于《辽宁经济统计》2013 年第 11 期，第 15~17 页。

[78] 宋扬：《户籍制度改革的成本收益研究——基于劳动力市场模型的模拟分析》，载于《经济学》（季刊）2019 年第 3 期，第 813~831 页。

[79] 苏丽锋：《中国流动人口市民化水平测算及影响因素研究》，载于《中国人口科学》2017 年第 2 期，第 12~24、128 页。

[80] 孙红玲：《化解农民工问题的财政措施的探讨》，载于《财政研究》2011 年第 3 期，第 38~41 页。

[81] 谭江蓉、徐茂：《城市融入背景下流动人口消费行为的影响因素——以重庆市为例》，载于《城市问题》2016 年第 1 期，第 92~98 页。

[82] 谭晓婷、张广胜：《医疗保险对农民工留城定居意愿的影响——以江苏省南京市为例》，载于《湖北农业科学》2016 年第 3 期，第 792~795 页。

[83] 佟大建、金玉婷、宋亮：《农民工市民化：测度，现状与提升路径——基本公共服务均等化视角》，载于《经济学家》2022 年第 4 期，第 118~128 页。

[84] 王春超、蔡文鑫：《流动人口市民化与推进路径测算研究——基于同质化水平测度的视角》，载于《经济社会体制比较》2021 年第 5 期，第 161~173 页。

[85] 王桂新、胡健：《城市农民工社会保障与市民化意愿》，载于《人口学刊》2015 年第 6 期，第 45~55 页。

[86] 王桂新、魏星、沈建法：《中国省际人口迁移对区域经济发展作用关系之研究》，载于《复旦学报》（社会科学版）2005 年第 3 期，第 148~161 页。

[87] 王桂新：《中国城市农民工市民化研究——以上海为例》，载于《人口与发展》2008 年第 1 期，第 5~25 页。

[88] 王青、焦青霞：《农村人口流动对区域经济发展贡献实证分析——以河南省为例》，载于《湖北农业科学》2014 年第 5 期，第 5033~5037 页。

[89] 王昭、杨洁、薄婷婷等：《基于市民行为的中国市民化进程测度与比较》，载于《经济问题探索》2014 年第 6 期，第 23~30 页。

[90] 王志燕、魏云海、董文超：《山东省农业转移人口市民化成本测算及分担机制研究》，载于《经济与管理评论》2015 年第 2 期，第 125~131 页。

[91] 王志章、韩佳丽：《农业转移人口市民化的公共服务成本测算及分摊机制研究》，载于《中国软科学》2015 年第 10 期，第 106~115 页。

[92] 魏后凯、苏红键：《中国农业转移人口市民化进程研究》，载于《中国人口科学》2013 年第 5 期，第 21~29 页。

[93] 魏义方、顾严：《农业转移人口市民化：为何地方政府不积极——基于农民工落户城镇的成本收益分析》，载于《宏观经济研究》2017 年第 8 期，第 109~120 页。

[94] 吴波：《农业转移人口市民化成本研究综述：分省测度》，载于《山东财经大学学报》2018 年第 1 期，第 113~120 页。

[95] 夏纪军：《人口流动性、公共收入与支出——户籍制度变迁动因分析》，载于《经济研究》2004 年第 10 期，第 56~65 页。

[96] 夏显力、张华：《新生代农民工市民化意愿及其影响因素分析——以西北 3 省 30 个村的 339 位新生代农民工为例》，载于《西北人口》2011 年第 2 期，第 43~46、51 页。

[97] 徐建玲：《农民工市民化进程度量：理论探讨与实证分析》，载于《农业经济问题》2008 年第 9 期，第 65~70 页。

[98] 徐美银：《农业转移人口市民化进程中的农村土地制度创新》，载于《华南农业大学学报：社会科学版》2015 年第 4 期，第 48~60 页。

[99] 薛艳、王丽：《数字经济能提高农业转移人口市民化水平吗?》，载于《新疆农垦经济》2024 年第 11 期，第 42~56 页。

[100] 杨亮、杨胜利：《上海市流动人口特征与区域经济发展关系研究》，载于《人口与社会》2014 年第 1 期，第 22~48 页。

[101] 杨萍萍：《农民工市民化意愿的影响因素实证研究》，载于《经营与管理》2012 年第 7 期，第 71~74 页。

[102] 杨胜利、高向东：《外来从业人口对流入地经济发展的影响研究——以上海市为例》，载于《经济体制改革》2012 年第 6 期，第 66~69 页。

[103] 姚林如、李莉：《劳动力转移、产业集聚与地区差距》，载于《财经研究》2006 年第 8 期，第 135~143 页。

[104] 叶鹏飞：《农民工的城市定居意愿研究——基于七省（区）调查数据的实证分析》，载于《社会》2011 年第 2 期，第 153~169 页。

[105] 余英、李晨：《流动人口市民化的财政压力效应——基于 28 个核心城市面板数据的分析》，载于《商业研究》2018 年第 8 期，第 167~172 页。

[106] 袁超、张东：《文化资本与空间分化：城中村流动人口消费空间隔离的再生产》，载于《湖湘论坛》2019 年第 5 期，第 75~87 页。

[107] 允春喜、上官仕青：《公共服务供给中的地方政府合作——以山东半岛城市群为例》，载于《东北大学学报》（社会科学版）2013

年第 5 期,第 489~494 页。

[108] 张斐:《新生代农民工市民化现状及影响因素分析》,载于《人口研究》2011 年第 6 期,第 100~109 页。

[109] 张洪霞:《新生代农民工市民化的影响因素研究——基于全国 797 位农民工的实证调查》,载于《调研世界》2014 年第 1 期,第 26~30 页。

[110] 张继良、马洪福:《江苏外来农民工市民化成本测算及分摊》,载于《中国农村观察》2015 年第 2 期,第 44~56 页。

[111] 张锦华、龚钰涵:《走向共同富裕:农民工市民化的财政学考察——基于系统动力学建模及政策优化仿真》,载于《南方经济》2022 年第 5 期,第 14~28 页。

[112] 张凌华、王卓:《户籍制度改革的财政压力研究——基于流动人口市民化的空间分布视角》,载于《农村经济》2017 年第 7 期,第 7~12 页。

[113] 张龙:《农民工市民化意愿的影响因素研究》,载于《调研世界》2014 年第 9 期,第 40~43 页。

[114] 张鹏、郝宇彪、陈卫民:《幸福感、社会融合对户籍迁入城市意愿的影响——基于 2011 年四省市外来人口微观调查数据的经验分析》,载于《经济评论》2014 年第 1 期,第 60~71 页。

[115] 张启春、冀红梅:《农业转移人口城市定居意愿实证研究与市民化推进策略》,载于《华中师范大学学报》(人文社会科学版)2017 年第 4 期,第 48~55 页。

[116] 张士杰、王倩文:《主观阶层认同,阶层流动感知对农业转移人口市民化影响研究》,载于《湖南工业大学学报》(社会科学版)2024 年第 3 期,第 61~70 页。

[117] 张文武、欧习、徐嘉婕:《城市规模、社会保障与农业转移人口市民化意愿》,载于《农业经济问题》2018 年第 9 期,第 128~140 页。

[118] 张芯悦、王颂吉:《大城市的农民工为何难以"市民化"——兼论新时代地方政府治理模式转型》,载于《湖北社会科学》2020 年第 1 期,第 52~60 页。

[119] 张占斌、冯俏彬、黄锟:《我国农村转移人口市民化的财政支出测算与时空分布研究》,载于《中央财经大学学报》2013 年第 10

期，第 1~7 页。

[120] 张彰、郑艳茜、庄勇杰：《农业转移人口市民化财政成本的分类评估及核算》，载于《西北人口》2018 年第 39 期，第 22 页。

[121] 张正岩、孙文策、张晨：《互联网应用能提高农业转移人口的市民化水平吗？——基于 CGSS2017 的经验证据》，载于《系统工程》2023 年第 6 期，第 1~16 页。

[122] 张致宁、桂爱勤：《财政转移支付支持农业转移人口市民化问题研究》，载于《湖北社会科学》2018 年第 1 期，第 119~122 页。

[123] 赵领娣、张磊：《财政分权、晋升激励与地方政府的人力资本投资》，载于《中央财经大学学报》2013 年第 7 期，第 13~19 页。

[124] 赵晔琴：《"居住权"与市民待遇：城市改造中的"第四方群体"》，载于《社会学研究》2008 年第 2 期，第 118~132 页。

[125] 郑思齐、曹洋：《农民工的住房问题：从经济增长与社会融合角度的研究》，载于《广东社会科学》2009 年第 5 期，第 34~41 页。

[126] 郑思齐、廖俊平、任荣荣，等：《农民工住房政策与经济增长》，载于《经济研究》2011 年第 2 期，第 73~86 页。

[127] 郑云辰、葛颜祥、接玉梅等：《流域多元化生态补偿分析框架：补偿主体视角》，载于《中国人口·资源与环境》2019 年第 7 期，第 131~139 页。

[128] 周春山、杨高：《广东省农业转移人口市民化成本——收益预测及分担机制研究》，载于《南方人口》2015 年第 5 期，第 20~31 页。

[129] 周密、张广胜、杨肖丽等：《城市规模、人力资本积累与新生代农民工城市融入决定》，载于《农业技术经济》2015 年第 1 期，第 54~63 页。

[130] 周明海、金樟峰：《长期居住意愿对流动人口消费行为的影响》，载于《中国人口科学》2017 年第 5 期，第 112~121、130 页。

[131] 祝仲坤：《保障性住房与新生代农民工城市居留意愿——来自 2017 年中国流动人口动态监测调查的证据》，载于《华中农业大学学报》（社会科学版）2020 年第 2 期，第 98~108 页。

[132] 祝仲坤：《住房公积金与新生代农民工留城意愿——基于流动人口动态监测调查的实证分析》，载于《中国农村经济》2017 年第 12 期，第 33~48 页。

［133］Alesina A, Harnoss J, Rapoport H. Birthplace Diversity and Economic Prosperity［J］. *Journal of Economic Growth*, 2016, 21（2）: 101 - 138.

［134］Alesina, A. et al. Political Jurisdictions in Heterogeneous Communities［J］. *Journal of Political Economy*, 2004, 112（2）: 348 - 396.

［135］Alesina, A. et al. Public Goods and Ethnic Divisions［J］. *The Quarterly Journal of Economics*, 2004, 114（4）: 1243 - 1284.

［136］Auerbach A. and Oreopoulos P. Analyzing the fiscal impact of U. S. immigration, *American Economic Review Papers and Proceedings*, 1999（89）: 176 - 180.

［137］Bergstrom, T. and R. P. Goodman. Private demand for the services of non-federal government［J］. *American Economic Review*, 1973, 63（3）: 280 - 296.

［138］Biagio S. Does immigration affect public education expenditures?［J］. *Quasi-experimental Evidence Journal of Public Economics*, 2012, 96（9 - 10）: 773 - 783.

［139］Boadway, R. W. On the method of taxation and the provision of local public goods: Comment［J］. *American Economic Review*, 1982, 72（4）: 846 - 851.

［140］Boheim, R. and K. Mayr. Immigration and Public Spending, *IZA Discussion Paper* No. 1834. 2005.

［141］Bonin H. , Raffelhueschen B. & Walliser J. Can immigration alleviate demographic burden?［J］. *Applied Economics Quarterly*, Supplement, 2000（5）: 127 - 156.

［142］Borcherding, T. E. , R. T. Deacon, The demand for the services of non-federal governments［J］. *American Economic Review*, 1972, 62（5）: 891 - 901.

［143］Borjas G. The economic analysis of immigration, in Ashenfelter O. and Card D. (eds) *Handbook on Labor Economics*, 1999（3A）, Elsevier, Amsterdam.

［144］Borjas G. The economic benefits from immigration［J］. *Journal of Economic Perspectives*, 1995, 9（2）: 3 - 22.

参 考 文 献

[145] Bradford, D. F. et al. The rising cost of local public services: Some evidence and reflections [J]. *National Tax Journal*, 1969, 22 (2): 185 – 202.

[146] Brueckner, J. K. Congested public goods: The case of fire protection [J]. *Journal of Public Economics*, 1981, 15 (1): 45 – 58.

[147] Brunner, E. J. and S. L. Ross. Is the median voter decisive? Evidence of ends against the middle'from referenda voting patterns [J]. *Journal of Public Economics*, 2010, 94 (11 – 12): 898 – 910.

[148] Card D E, Kluve J, Weber A M. Active Labor Market Policy Evaluations: A Meta-analysis [J]. *Economic Journal*, 2010, 548 (120): 452 – 477.

[149] Craig, S. G. and E. J. Heikkila Urban safety in Vancouver: allocation and production of a congestible public good [J]. *Canadian Journal of Economics*, 1989, 22 (4): 867 – 884.

[150] Craig, S. G. The impact of congestion on local public good production [J]. *Journal of Public Economics*, 1987, 32 (3): 331 – 353.

[151] Duncombe, W. and J. Yinger. An analysis of returns to scale in public production with an application to fire protection [J]. *Journal of Public Economics*, 1993, 52 (1): 49 – 72.

[152] Dustmann C, Frattini T, Preston I. The Effect of Immigration along the Distribution of Wages [J]. *Cream Discussion Paper*, 2013, 80 (1): 145 – 173.

[153] Epple, D. et al. Interjurisdictional Sorting and Majority Rule: An Empirical Analysis [J]. *Econometrica*, 2001, 69 (6): 1437 – 1465.

[154] Francine D. Blau, Lawrence M. Kahn. Chapter 15-Immigration and the Distribution of Incomes [J]. *Handbook of the Economics of International Migration*, 2015, 1: 793 – 843.

[155] George Stigler. Tenable Range of Functions of Local Government. In *Federal Expenditure Police for Economic Growth and Stability* [M]. Washington D. C: Joint Economic Committee. Subcommittee on Fiscal Policy, 1957: 213 – 219.

[156] George, J, Borjas, Immigrant Participation in the Welfare Sys-

tem [J]. *Industrial & Labor Relations Review*, 1991, 44 (2): 196 –211.

[157] Gustafsson B. and Österberg T. Immigrants and the public sector budget. Accounting exercise for Sweden [J]. *Journal of Population Economics*, 2001 (14): 689 –708.

[158] Gustman A. and Steinmeier T. Social security benefits of immigrants and the U. S. born, in Borjas G. (ed.) *Issues in the Economics of Immigration*, The University of Chicago Press, 2000.

[159] Hayek, Friedrich A. The Use of Knowledge in Society [J]. *American Economic review*, 1945 (35): 519 –530.

[160] Holcombe, R. G. and R. S. Sobel. Empirical evidence on the publicness of state legislative [J]. *Public Choice*, 1995, 83 (1): 47 –58.

[161] Hu W – Y. Elderly immigrants on welfare [J]. *Journal of Human Resources*, 1998, 33 (3): 711 –741.

[162] Josselin, J. M. et al. The influence of population size on the relevance of demand or supply models for local public goods: Evidence from France [J]. *Papers in Regional Science*, 2009, 88 (3): 563 –574.

[163] Knaap T., Bovenberg A., Bettendorf L. and Broer D. Vergrijzning, aanvuellende pensionen en de Nederlandse economie, Ocfeb Studies in Economic Policy 7, Erasmus Universiteit Rotterdam, 2003.

[164] Lee R. and Miller T. Immigration, social security and broader impacts [J]. *American Economic Review*, 2000, 90 (2): 350 –354.

[165] Lewis E G, Peri G. Immigration and the Economy of Cities and Regions [J]. *Social Ence Electronic Publishing*, 2014, 5: 625 –685.

[166] Loehman, E. et al. A simultaneous equation model of local government expenditure decisions [J]. *Land Economics*, 1985, 64 (4): 419 –431.

[167] Mayr K. Immigration and voting on the size and the composition of public spending [DB/OL]. Norface Discussion Paper Series No. 2011001.

[168] Ortega F, Peri G. Openness and income: The roles of trade and migration [J]. *Journal of International Economics*, 2014, 92 (2): 231 –251.

[169] Passel J. and Clark R. How much do immigrants really cost? A

reappraisal of Huddle's. The cost of immigrants, Urban Institute Working Paper. 1994.

[170] Razin, A. et al. Tax burden and migration: a political economy theory and evidence [J]. *Journal of Public Economics*, 2002, 85 (2): 167-190.

[171] Reiter, M. and A. Weichenrieder. Are Public Goods Public [J]. *Public Finance Analysis*, 2003, 54 (3): 374-408.

[172] Roodenburg H. , Euwals R. and ter Rele H. Immigration and the Dutch economy, *CPB Netherlands Bureau of Economic Policy Analysis*, 2003.

[173] Smith J. and Edmonton B. *The New Americans: Economic, Demographic and Fiscal Effects of Immigration* [M]. National Academic Press, 1997: Washington D. C.

[174] Storesletten K. Sustaining fiscal policy through immigration [J]. *Journal of Political Economy*, 2000, 108 (2): 300-323.